陈璟深　谢江勇　李泗坤 ◎ 著

中国铁道出版社有限公司
CHINA RAILWAY PUBLISHING HOUSE CO., LTD.

图书在版编目（CIP）数据

智能决策 ：数据 AI 驱动的未来产业变革 / 陈璟深，谢江勇，李泗坤著 . -- 北京 ：中国铁道出版社有限公司，2025. 7. -- ISBN 978-7-113-32270-0

Ⅰ. F124.3

中国国家版本馆 CIP 数据核字第 2025RM5317 号

书　　名： **智能决策**——数据 AI 驱动的未来产业变革
ZHINENG JUECE: SHUJU AI QUDONG DE WEILAI CHANYE BIANGE

作　　者： 陈璟深　谢江勇　李泗坤

责任编辑： 奚　源　**编辑部电话：**（010）51873005　**电子邮箱：** zzmhj1030@163.com
封面设计： 子鹏语衣
责任校对： 苗　丹
责任印制： 赵星辰

出版发行： 中国铁道出版社有限公司（100054，北京市西城区右安门西街 8 号）
网　　址： https://www.tdpress.com
印　　刷： 河北燕山印务有限公司
版　　次： 2025 年 7 月第 1 版　2025 年 7 月第 1 次印刷
开　　本： 710 mm × 1 000 mm　1/16　**印张：** 15.5　**字数：** 192 千
书　　号： ISBN 978-7-113-32270-0
定　　价： 68.00 元

前　言

伴随数字技术与AI融合的加深，一场前所未有的技术革命浪潮正席卷而来。当AlphaGo以4:1战胜围棋世界冠军李世石，ChatGPT用流畅的对话颠覆人机交互边界，DeepSeek等国产大模型展现出惊人的逻辑推理能力……人们不得不承认：智能决策已不再是科幻作品的幻想，而正逐渐成为重塑全球产业格局的重要力量。

智能决策带来的产业变革本质是数据与算法对人类决策逻辑的重构。也就是说，AI、大数据等技术飞速发展，这些技术已经从“辅助工具”进化为“价值共创者”。

数据，作为一种基础性资源和战略性资源，也是重要的生产力。汹涌的数据洪流中蕴含着人类行为、市场趋势、产业变革等诸多密码。不过，数据的价值不在于数据本身，而在于如何通过智能决策将其转化为清晰可执行的行动指南。

与传统决策模式不同，智能决策不再主要依赖经验与直觉，而是以机器学习、深度学习等技术为引擎，基于对海量数据资源的挖掘，获得精准的预测与优化方案。决策模式的转变应用于各个产业领域，必然能够引发巨大的连锁反应。

除数据经历了从量变到质变的飞跃外，AI 技术也实现了从感知到决策的进化。如果说20世纪的AI 以“感知”为核心，那么21世纪的AI正迈向“决策”的新纪元。2013年，DeepMind提出DQN算法，首次将深度学习与强化学习结合，为决策AI的商业化发展奠定了基础；2020年，GPT-3以1 750亿条参数的规模掀起大模型革命，GPT-4及后续模型则不仅能生成连贯文本，更能模拟人类逻辑推理，在医疗、法律等专业领域均展现出辅助决策的能力。近两年，以DeepSeek为代表的国产大模型也异军突起，实现了小参数规模下的“超规格”表现，大幅降低了企业的部署门槛。总体来说，众多AGI（通用人工智能）产品正逐步从“特定任务”跨越到“通用智能”，成为未来产业变革的驱动引擎。

目前，智能决策的浪潮正席卷全球各个产业，影响深度与广度远超以往。比如，在制造业领域，通过实时采集和分析相关数据，能够优化生产流程，显著提升产品质量与生产效率；在农业领域，基于区块链与卫星数据，能够实现全产业链溯源与精准管理，农业生产决策系统也可以根据区域条件和农作物品种确立标准化的生产规程；在金融领域，银行等机构能够利用算法提升信贷审批效率，生成式AI在反洗钱监测与客户服务中均展现出高效性；在医疗行业，临床决策支持系统（CDSS）可以将医生诊断准确率提升至新的高度；在供应链构建与管理方面，智慧供应链能够通过需求预测与路径优化降低成本、提升时效。此外，在企业的数字化转型过程中，企业能够借助数据平台实现全链条协同。可以说，由数据资源驱动的决策不仅可以提升效率，更能够在资源配置、风险控制等方面展现出前所未有的潜力；由AI驱动的变革不仅改变了产业的运营模式，更重塑了全球经济的竞争格局。

随着技术的演进以及应用的推广，智能决策的发展将呈现三大趋势：普惠化、伦理化与生态化。其中，低代码平台与开源模型的不断普及，会使得中小企业也能便捷部署AI决策系统；可解释AI（XAI）与联邦学习技术的成熟，也将推动决策透明化的发展与隐私保护机制的健全；而跨行业数据共享与AI平台的构建，则将催生完善且具有极强适用性的“智能决策生态系统”。

与此同时，技术的进步也带来了新的挑战。比如，在各产业领域，数据资源的规模虽然庞大，质量却参差不齐，这可能导致决策偏差；技术的隔阂会带来算法黑箱，继而引发不同参与方之间的信任危机；生成式AI的角色由工具转变为决策伙伴后，人机协同必然会带来责任界定问题。

从结绳记事到算盘珠算，从工业革命的统计报表到信息时代的BI（商业智能）系统，每一次技术跃迁都伴随着决策效率的提升。因此，人类决策的演进史实际上就是一部技术赋能的历史。而由数据与AI的融合开启的第三次决策革命，也将重塑全球产业的运行逻辑与竞争格局。而且，这场变革关乎的不仅是决策效率的提升和决策质量的跃进，更将进一步深入探索如何利用数据与算法重新定义生产力边界，以及人类如何与机器协同进化。

在此背景下，《智能决策——数据AI驱动的未来产业变革》一书应运而生。本书旨在系统梳理智能决策技术的底层逻辑、核心方法及其在各行业领域的落地实践。第一章深入剖析了相关技术如何赋能产业转型；第二章揭示了大模型如何重构决策逻辑，并探讨了大模型落地的挑战；第三章至第八章则聚焦智能制造、智慧农业、智慧医疗等六大领域，揭示智能决策如何具体改变产业逻辑。

此外，对于智能决策普及面临的技术瓶颈、伦理困境及社会接受度等问题，本书也并未回避。比如，在第六章中，将会讨论联邦学习如何平衡数据共享与隐私保护；在第八章中，也会提出人机协同决策的组织架构设计原则。

全书试图呈现一幅从技术原理到产业应用的完整图谱，并解答一个根本性问题——在数据爆炸的时代，如何利用AI技术将海量信息转化为可行动的路径，从而驱动企业的数字化转型与产业的价值重构。

在这个充满不确定性的时代，智能决策既是挑战，更是机遇。未来的十年，将是智能决策技术从“工具化”走向“生态化”的关键期。希望本书能成为读者探索这一未知领域的指南针，共同见证一个由数据与算法定义的新产业文明。

作　者

2025 年 3 月

目　　录

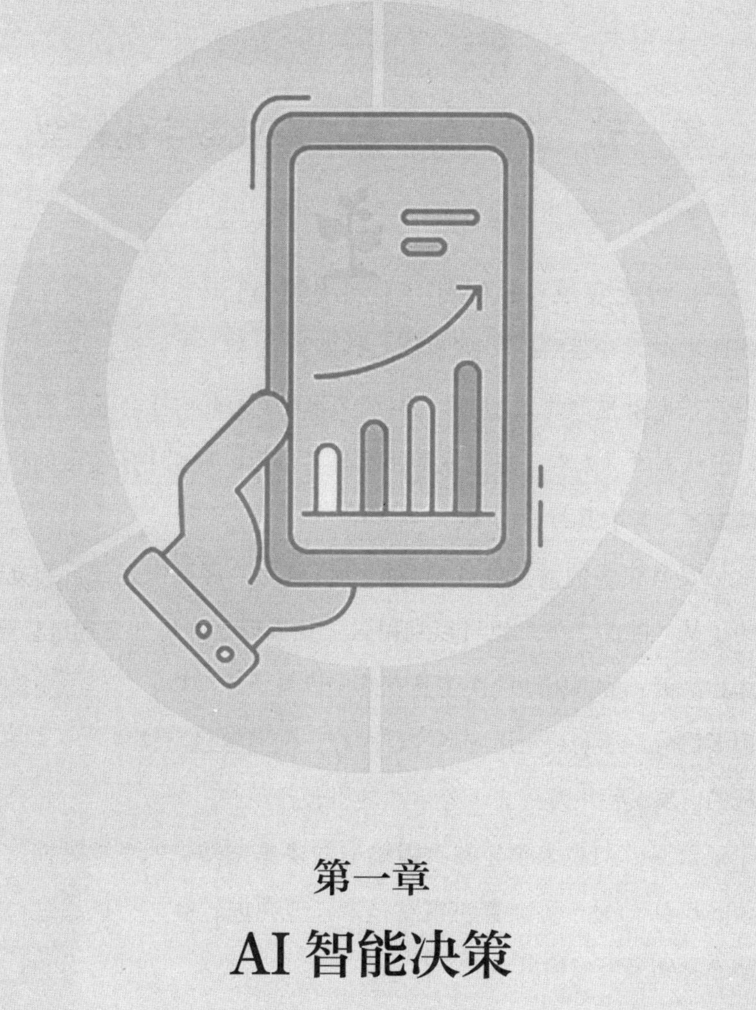

第一章

AI 智能决策

第一节　决策 AI：赋能产业数字化转型

一、智能变革：从感知 AI 到决策 AI

近年来，互联网、传感器和AI等新兴技术飞速发展，各类设备所产生的数据量呈爆炸式增长，数据也逐渐成为影响社会发展的重要资源，但从本质上来看，数据本身并不具备价值，数据中所蕴藏的信息和洞察力才是影响其价值的关键。

AI具有较强的数据处理和数据分析能力，可以作为分析和处理数据的工具，除此之外，也可以利用大量数据以智能化的方式进行学习、预测和决策。数据驱动的决策具有准确性高、速度快、多维分析能力强等诸多优势，逐渐被应用到科技、医疗、商业等多个领域当中，在各个领域的发展过程中发挥着十分重要的引领作用。

现阶段，AI技术正处在由感知AI向决策AI转化的关键时期。具体来说，感知AI是一种计算机视觉技术，成熟度较高，可以通过对环境的静态感知来采集信息，提取信息中所包含的要素，并进行分析，得出结果；决策AI可以采集环境中的信息，支持企业完成风险管理、动作控制、运营规划和营销等决策，并支撑行为与环境进行动态交互，但同时行为也具有较强的不确定性和较高的复杂性。在实际应用中，决策AI可以通过强化学习实现大规模落地。

在深度学习算法的作用下，感知AI的算法泛化能力得到了进一步提升，在视觉领域的应用水平也越来越高，如图1-1所示。2012年，杰弗里·辛顿和亚历克斯·克里泽夫斯基设计出了深度卷积网络模型

AlexNet，该模型被逐渐应用到多个场景当中，并实现了简单特定任务闭集；2014—2016年，DeepID和FaceNet等算法陆续升级，计算机视觉可以处理一些具有一定复杂度的任务，在部分特定领域当中，其能力甚至能够超过人眼；2017—2020年，AutoML、NAS、HPO等半自动模型训练技术的应用范围不断扩大，在一定程度上可以代替人力来处理各项复杂的参数调整工作；2020年以后，通用语言、视觉大模型的应用解决了大量长尾问题，并逐步得到了许多大型互联网企业的认可。

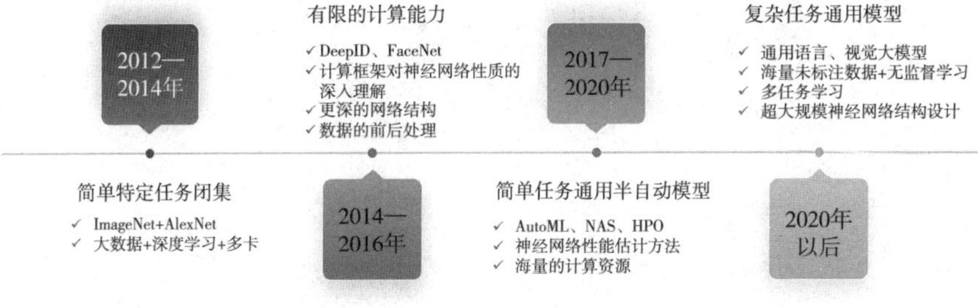

图1-1　泛感知AI发展历程梳理

决策AI的数据收集成本较高，落地难度相对较大，但深度学习的发展和应用为决策AI的落地应用及快速发展提供了支持，如图1-2所示。2012年，谷歌DeepMind团队提出了DQN算法，该算法融合了深度学习和强化学习，可以推动决策AI进一步发展；2016年，谷歌公司推出的AI机器AlphaGo以总比分4∶1战胜世界围棋冠军李世石。由此可见，在一些特定场景下，决策AI已经超越了人脑，但由于决策AI的核心是基于仿真环境或已知模型的闭集，研究人员在现实世界中采集用于训练决策AI的数据需要花费大量成本，决策AI亟待通过革新算法和环境来提升泛化能力，实现标准化。

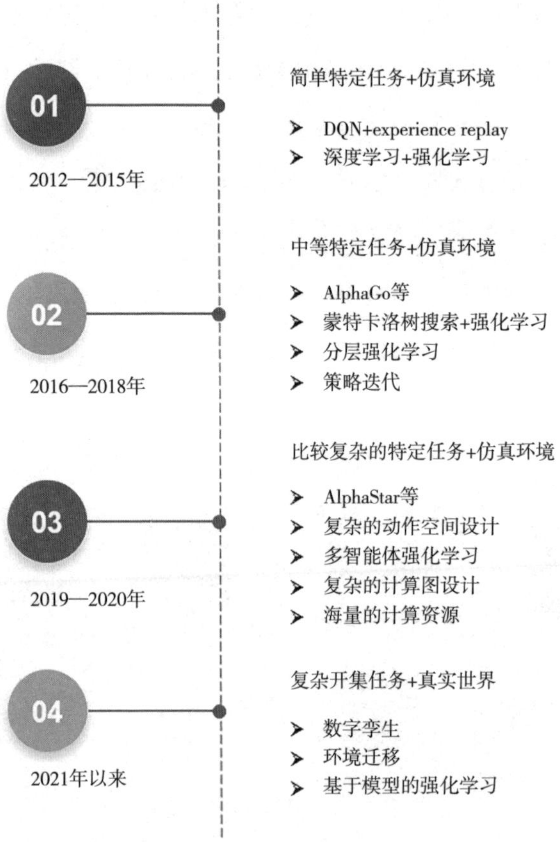

图1-2　决策AI发展历程梳理

决策环节可以在企业数字化转型过程中创造出巨大的商业价值。具体来说，企业数字化转型主要经历了两个阶段：在第一阶段，企业充分发挥感知AI的作用，采集和积累大量数据，并推动业务数字化、流程线上化，将AI技术大规模落地应用到零售、银行等领域当中；在第二阶段，企业已经积累了大量数据，开始进一步挖掘数据规律，并利用决策AI进行决策，以互联网行业为例，许多企业采集和分析用户点击、购买行为等数据信息，绘制用户画像，并在此基础上实现精准营销。

二、第四范式：数据驱动的智能决策

就目前来看，决策AI的增长速度较快，市场规模也在迅速扩大。根据全球AI市场研究报告，2021年全球AI软件市场规模达到370亿美元，2024年全球AI软件市场规模达到970亿美元，预计到2027年全球AI软件市场规模将增长到1 423亿美元。

决策AI的市场集中度较高，市场竞争较为激烈，大型AI厂商和互联网企业纷纷卡位抢夺决策AI市场。具体来说，AI解决方案主要包含两种类型：一种是以平台为中心的解决方案，这一方案不仅可以提供应用，还可以提供AI开发平台，并保证应用的灵活性、兼容性和拓展性以及开发标准的一致性，不仅如此，以平台为中心的AI也是我国AI的发展趋势；另一种是单点解决方案。

1. 第四范式：数据驱动的智能决策

图灵奖获得者、著名数据库专家吉姆·格雷认为，科学的发展在经历了数据规律探索后已经进入第四范式，即数据密集型科学研究范式。随着科研进入“第四范式时代”，数据的重要性日渐突出，决策AI逐渐成为实现数据智能的关键，如图1-3所示。科研人员可以通过对数据的分析探索科学规律，充分利用算力更强、更高效的机器来处理海量数据信息，降低人脑的数据处理压力。

我国拥有十分丰富的AI技术应用场景和海量数据资源，可以为AI落地提供良好的条件，在数据层面为深度学习模型的训练和优化提供强有力的支持。在成熟数据基础驱动的第四范式阶段，决策AI可以基于大数据提取规律，并据此实现智能化决策。

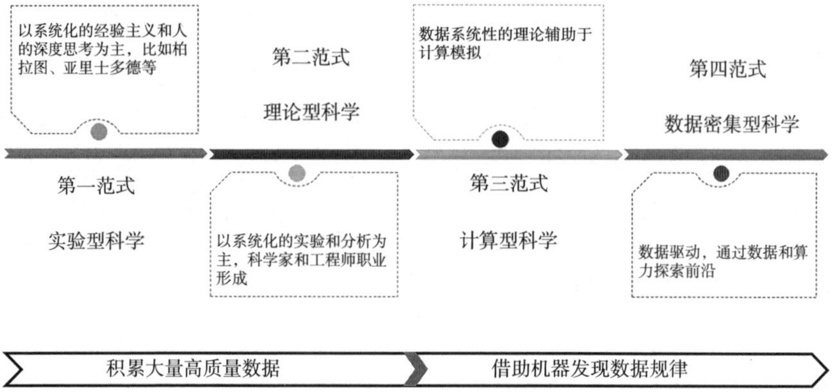

图1-3　科学发展进入第四范式

2. 数据智能的实践价值和意义

数据智能的实践价值和意义，可以从企业、产业和社会层面进行分析，如图1-4所示。

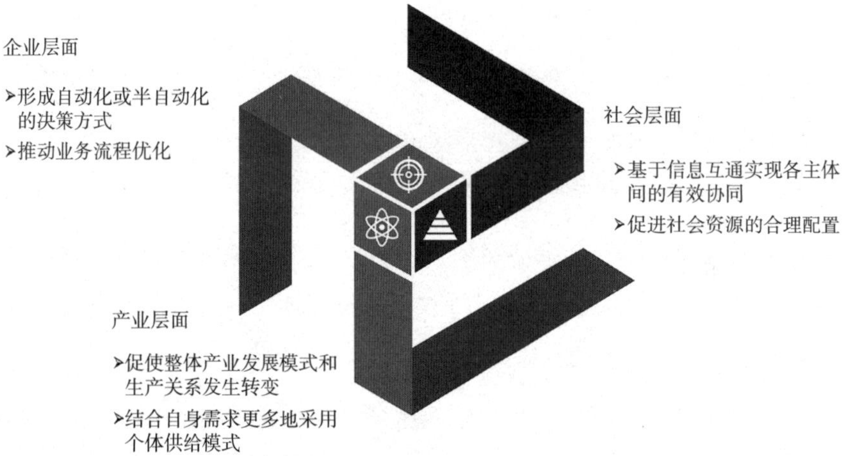

图1-4　数据智能的实践价值和意义

（1）企业层面

通过数据智能实践，企业可更加高效地完成数据驱动决策的整个流程。首先从数据中筛选有价值的信息，而后整合提炼得到知识，并据此作出最终决策，形成自动化或半自动化的决策方式，这能够使企业在面对市场变化时作出更迅速更精准的响应，推动业务流程优化。举例来说，基于数据驱动的智能决策，金融企业可准确识别欺诈行为，实现有效的风险控制；制造企业可制定更合理的生产规划，提升生产效率和产品质量。

（2）产业层面

数据智能实践的直接受益者为与之关联的技术服务产业。此外，数据智能还将促使整体产业发展模式和生产关系发生转变，推动合作模式进一步发展。同时，部分产业可以结合自身需求更多地采用个体供给模式，从而提升产业链运转和产出效率。以内容生产行业为例，大模型的引入能够促进个人的高效生产，使专业分工变得更为精细，并借助众包、共创等模式提高专业岗位的工作效率和工作质量。

（3）社会层面

数据智能实践有助于信息的高效流通，基于信息互通实现各主体间的有效协同，促进社会资源的合理配置。在数据智能的作用下，知识将呈现出显著的开放共享的特征，人们可通过数字空间等渠道更加便捷地获取所需的知识，从而打破原有的知识壁垒，使全体社会成员都能够享受到知识带来的助益，这对于促进社会公平、提升社会发展质量具有积极意义。

三、智能决策的关键技术与实践应用

近年来，AI技术飞速发展，并逐渐被应用到多个领域当中。基于AI的智能决策技术也备受关注，成为相关专业人员的重点研究对象。智能决策技术的应用，既可以有效提高决策效率及决策的准确性，也可以增强人们应对决策中出现的各类问题的能力，在技术层面为人们作出准确决策提供支持。

就目前来看，智能决策技术已经被广泛应用到多个领域当中，如金融、医疗、交通、教育等。具体来说，智能决策技术融合了AI，能够分析海量数据，充分利用机器学习算法和深度学习技术，同时也可以用智能化的方式对各项历史数据和实时信息进行处理，并根据这些数据信息的分析结果作出合理决策，不仅如此，智能决策技术还具备自我优化的能力，能够不断增强自身的决策能力。

例如，在金融领域，投资者可以利用智能决策技术对股市数据和企业财务信息进行分析，并根据分析结果进行投资决策，以便提高决策的准确性；在医疗领域，医生可以利用智能决策技术实现更加快速的疾病诊疗，提升医疗工作的质量和效率。

研究人员在对基于AI的智能决策技术展开研究时，研究内容主要涉及数据分析和挖掘、决策建模与优化、自然语言处理和知识表示等方面。其中：

- 数据分析和挖掘，指的是分析和挖掘大数据，并借此找出各项数据之间的关联及规律，以便以此为参考作出科学合理的决策；
- 决策建模与优化，指的是构建数学模型，同时对各项相关算法进行优化，并筛选出最佳决策方案；
- 自然语言处理和知识表示，指的是充分发挥自然语言处理技术的作用，理解和分析人类语言，从中了解人们的需求，并向人们提供智能化的决策支持。

在应用基于AI的智能决策技术的过程中，相关研究人员还需解决各项相关难题。具体来说，一方面，智能决策系统在发挥作用时需要用到大量数据，数据的质量和准确性都是影响决策结果的重要因素，由此可见，为了确保决策的有效性，人们在利用该技术进行决策时必须确保数据可靠；另一方面，市场环境和用户需求具有不确定性，会不断发生变化，因此智能决策技术的算法和模型也要持续优化更新。除此之外，为了保证数据在传输和存储等环节的安全性，相关研究人员还需提高智能决策系统的安全性和隐私性，加大数据防护力度。

深度学习技术是AI技术的分支，同样也可以在智能决策系统中发挥重要作用，相关研究人员也可以充分利用深度学习技术，解决基于AI的智能决策技术中存在的各项问题。深度学习技术可以利用多层神经网络来模拟人类的学习过程，并通过模拟进一步增强智能决策系统的决策能力，提升决策的准确性。与此同时，相关研究人员也可以将联邦学习技术应用到智能决策系统当中，并在本地设备上展开模型训练，加大对各项敏感数据的保护力度，进一步提升数据的安全性和隐私性。

总而言之，基于AI的智能决策技术有着十分广阔的应用前景，是当前及未来一段时间内AI发展的重要方向。未来，AI的技术水平将进一步提升，智能决策技术的成熟度和完善程度也会随之升高，相关研究人员需要不断加大对技术原理和决策方法的研究力度，利用智能决策技术解决各类决策问题，并找出和解决应用过程中存在的问题，为AI技术的发展和应用提供支持，推动人与AI和谐共存、协作共赢。

四、决策 AI 在企业应用中的落地难点

数据驱动决策为企业管理升级提供了助力。宝洁公司前CEO罗伯特·麦克唐纳认为，随着全球地缘政治紧张局势的加剧，环境的易变性、不确定性和复杂性升高，社会和经济进入了“乌卡时代”。在“乌卡时代”，供需关系不断变化，企业管理难度迅速攀升，为了实现有效管理，企业需要以数据驱动实现智能化转型。

在决策AI的作用下，企业不仅可以使用机器来执行各项任务，还

可以利用机器完成策略制定工作。从角色上来看，企业内部主要涉及高层战略制定、中层策略制定和基层策略执行三项内容，在AI尚未经过深度学习赋能时，只能在基层策略执行方面发挥作用，代替人来完成各项重复性的工作；而决策AI可以完成非战略制定层面的决策，同时也可以在营销、风控和运营决策方面发挥作用，甚至表现优于人脑。

从本质上来看，决策AI可以代替各行各业的专家，高效挖掘结构化数据中所蕴藏的业务规律。AI可以利用在大量数据中找出的规则为企业决策提供支持，帮助企业实现精准决策。例如，百度开发了凤巢搜索系统，该系统仅需利用各项数据进行深度学习，便能借助决策AI迅速挖掘出海量数据规则，进而助力“rule base”升级为“transition base”。

目前来说，决策AI在赋能企业数字化转型过程中，面临着以下三个方面的落地难点，如图1-5所示。

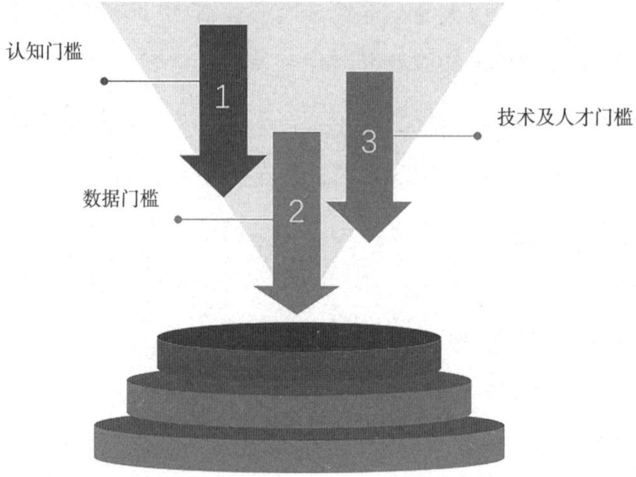

图1-5 决策AI在企业应用中的落地难点

1. 认知门槛

在推动AI落地的过程中，企业可能会遇到两个方面的阻碍：

● 企业高层管理人员尚未充分认识到AI在创造增量价值方面的

作用，也并未对其进行推广。从灼识咨询公布的数据来看，我国有72%的企业处在AI落地的单点试验和局部推广阶段。在这一时期，企业需要提升核心管理层对AI应用的认知水平。

- 业务部门和技术部门尚未对技术与业务方面的认知进行结合。深度学习技术具有一定的难度，业务部门的工作人员也积累了一定的业务经验，但在传统模式下，AI技术在业务中的应用难度较高，企业亟待解决技术与业务的认知相结合的问题。

2. 数据门槛

决策大数据可分为两种类型，见表1-1。

表1-1 决策大数据的两种类型

类　型	内　容
BI大数据	商业智能（BI）运用数据仓库、在线分析、数据挖掘和可视化技术，分析企业数据以提升决策质量，增强竞争力和盈利能力。此类大数据在企业中主要用于决策支持，分析市场趋势、客户需求和运营效率，如通过销售数据预测或调整营销策略
AI大数据	人工智能（AI）模拟人类智能，使计算机执行学习、推理等复杂任务。此类大数据在企业中主要用于高效地处理复杂任务和问题

目前，部分企业已初步构建起结构化数据库，但受数据质量、数据量、数据多样性、数据标注、数据集成、数据安全和隐私、数据基础设施以及数据治理等方面的影响，企业难以有效利用AI进行决策支持，因此跨越这些门槛是实现AI应用成功的关键。

3. 技术及人才门槛

一般来说，顶级调参师需要花费数月时间才能完成一个AI模型的参数设置工作，且顶尖的AI技术人才为稀缺人才。由此可见，在AI模型生产过程中，调参需要耗费大量时间。不仅如此，AI模型工业化生产在调参师能力水平方面的要求较高，普通的调参师难以达到其要求。

AutoML技术可以利用自动化手段完成各项机器学习相关工作，让业务人员等非专业人员也可以高效开发AI模型，从而降低AI落地门槛，提升AI模型开发效率，缩短AI模型开发周期。

与企业自主开发的AI系统相比，以平台为中心的决策AI在解决以上三项痛点方面的作用更加突出，也是未来AI落地趋势。在数字化转型过程中，自建AI的门槛和试错成本较高，导致许多企业难以推进AI落地，即便一些大型互联网企业可以提供开源框架，但对大多数企业来说，自由调度使用发挥作用的难度仍旧较高。在这一情况下，企业需要积累各项数据，明确业务目标，并在此基础上直接引入成熟的AI平台，获取先进AI能力，再借助该AI平台实现智能化转型。

决策AI在互联网行业落地应用中创造出了巨大的商业价值。就目前来看，决策AI正逐渐被应用到其他行业当中，如金融行业等，并为这些行业中的龙头企业进一步优化完善信息化基础提供强有力的支持。具体来说，银行业等金融行业拥有巨大的市场规模、充足的数字化研发投入资本、丰厚的技术储备和数据储备以及大量IT人员，商业流程基于数据，且开始数字化转型的时间较早，属于数字化转型的先锋行业。除此之外，零售业和餐饮业也具备较高的数字化程度，可以为决策AI落地提供良好的条件。

第二节　机器学习：AI 决策的底层技术

一、AutoML：降低 AI 的应用门槛

从人工转向AI是企业数字化转型的基本方向，其中AI又可根据基

于专家规则或机器来分类，由此可得到企业数字化转型的三个阶段，如图1-6所示。

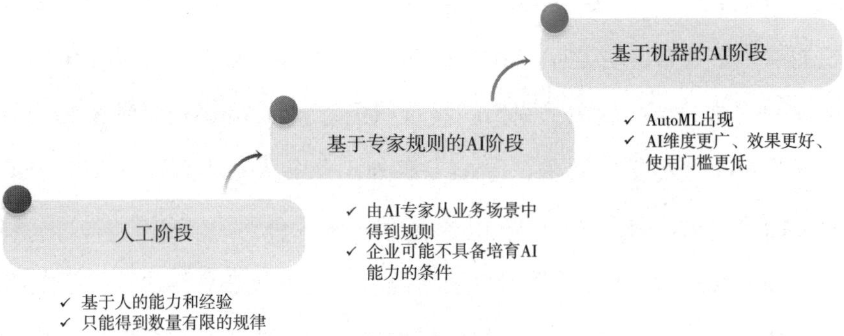

图1-6 企业数字化转型的三个阶段

1. 人工阶段

凭借人员的能力和经验认识业务，总结其中的规律以用于实际场景，不过通过人工只能得到数量有限的规律，且无法兼顾所有情况。

2. 基于专家规则的AI阶段

由AI专家从业务场景中得到规则，在AI模型的作用下，企业得以扩展业务范围，并显著提升决策水平。不过，受资金、人才、技术等多方面因素的制约，在该阶段并不是每家企业都具备培育AI能力的条件。举例来说，一名AI领域专家的培养周期至少为6～10年，其薪资水平则在年薪100万元以上，这样的时间和薪酬成本是许多企业无力承担的。

3. 基于机器的AI阶段

此阶段到来的标志是AutoML的出现，这一阶段的AI维度更广、效果更好，同时显得更加“亲民”，多数企业都能够达到使用门槛。

AutoML不属于AI技术，而是一种技术框架，旨在降低AI的技术门槛。AutoML由自动特征处理、自动深度学习等各个子框架组成，可用于多个种类的机器学习，能够大幅缩短企业培育AI能力的周期，从3～6

个月压缩至数小时，加速推进AI在企业的应用落地。

AutoML可作为AI模型的生产者，开创模型生产的新阶段。在AutoML的作用下，专家在机器学习中的重要性将有所减弱，模型的构建能够基于数据自动进行，由此AI的应用可以不再受到人才和资金的严格限制，这对于AI的大范围推广具有积极意义。AutoML使技术和业务之间的联系变得更加紧密，除AI专家外，业务人员也可使用AI，推动企业的数字化转型。

AutoML可用于机器学习自动化建模，借助算法总结出蕴含于数据的规律。依托AutoML，AI模型可对数据进行分析，从数据中提取规律和特征，在此基础上开展学习并调整模型参数，由此可在不借助人力的条件下实现模型的持续更新，推进AI的落地。AutoML自动化机器学习建模的流程如图1-7所示。

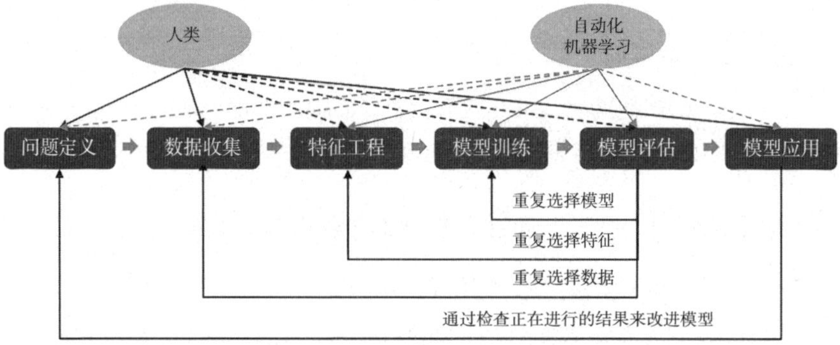

图1-7　AutoML自动化机器学习建模全流程

就目前的效果而言，在多个场景下，AutoML都展现出了足够的潜力，能够发挥与AI科学家相当的作用，完成带有工程性质的AI任务。引入AutoML后，开发人员可将更多的精力放在服务客户业务需求上。当前，在决策AI领域处于领先地位的国内企业有百度、华为、阿里等，这些企业正在加快AutoML的布局。

谷歌Cloud AutoML、第四范式AutoML是AutoML领域比较突出的成果。据Kaggle平台的机器学习竞赛结果显示，谷歌Cloud AutoML已经超越了46%的AI科学家，而第四范式AutoML的成绩则更加惊艳，超越了高达98%的AI科学家，它们在多个领域拥有强大的认知能力，包括违约风险预测、社交网络预测等。另外，AutoML的应用领域还包括机器视觉大模型，能够完成模型的设计和优化工作，实现高效建模，推动AI模型在具体行业中的应用。目前，商汤科技已在此领域有所布局。

二、强化学习：实现连续精准决策

作为决策AI的核心技术，强化学习的特点和优势主要体现在动态策略的制定上。基于决策主体与环境的交互，强化学习开展测试，以每次决策所获得的分数为参考确定最优解。强化学习的应用范围很广，包括智力竞技、工业控制、自动驾驶等多个领域。下面将介绍两个比较知名的实际应用案例。

AlphaGo是谷歌旗下DeepMind公司开发的围棋AI程序，运用了深度学习、深度神经网络等技术，其强化学习包括使用16万局棋局数据开展的监督学习，以及多达3 000万局的自我对弈。AlphaGo的强化学习将赢得棋局作为目标，寻求每一步棋的最佳招法。在强化学习的作用下，AlphaGo的棋力达到了登峰造极的程度，在与李世石、柯洁等多位顶尖人类棋手的交手中取得了胜利。

AlphaStar是DeepMind开发的电子游戏AI程序，其学习的对象为游戏《星际争霸》。《星际争霸》是一款即时战略游戏，策略的制定是该游戏的关键，游戏内的每一步操作都有1 026种可能的选择，而一局游戏下来需要进行数千次操作。AlphaStar运用强化学习、模仿学习等开展训练，进行大量的自我对战，以人类使用的策略为基础寻求策略的突破。最终，AlphaStar成了《星际争霸》的顶尖玩家，其在对战平台Battle.net上取得了前0.2%的排名。

实际的决策通常比较复杂，其特征可以总结为以下几点：

- 实际决策过程中存在着众多的影响因素，并且每个因素所造成的影响往往是无法预测和控制的；
- 实际情境下往往需要接连作出多次决策，并且在一段时间后才能看到效果，因此决策的长期结果很关键；
- 实际决策的精细程度和响应速度很重要，这一点在商业领域体现得尤为明显。

根据以上特征，可将大多数实际决策总结为大规模连续实施精准决策问题。对于这类问题和场景，专家或传统机器学习很难作出有效应对，需要引入强化学习。在处理复杂场景时，强化学习的作用体现在以下方面：

- 在深度学习的支持下，强化学习能够在充分考虑各方影响因素的基础上作出决策；
- 在连续决策的场景下，可以利用信用分配评估决策的长期效果；
- 将决策分为不同的层级，各层级都具备作出自主决策的能力，从而提升决策策略的精细度和实时性。

综上所述，强化学习是应对复杂决策场景的有效方案，但是这项技术需通过试错来获得反馈，从而在各项可选的决策中找出最优解，而在现实中开展试错往往需要付出较高的成本，并且有可能带来无可挽回的损失。举例来说，假如用试错的方式来制订排产计划，则企业很可能需要多付出一大笔费用，而在公共卫生事件等涉及生命健康的场景下，试错更是将面临极大的风险。因此，对于强化学习而言，高昂的试错成本削弱了其在现实层面上的可行性，对其推广应用形成了制约。

三、环境学习：助力强化学习落地

以往的辅助决策主要借助数字孪生技术，在广泛收集数据的基础上，建立与现实物理空间同步的虚拟数字空间，由此决策者可基于对现实世界的实时观察作出决策。

决策既需要观察形势也需要作出判断，而数字孪生和仿真模拟的辅助决策只局限于观察环节，忽略了判断环节，环境学习的辅助决策则在此基础上作出了改进，将模拟器作为决策辅助工具，协助人们作出判断。环境学习的模型有大数据和专家的参与，其建立的虚拟环境对于现实的还原度更高。环境学习的特点具体见表1-2。

表 1-2　环境学习的主要特点

特　点	内　容
数据方面	串联大数据和专家经验，实现数据间的互联互通
定量分析方面	通过机器学习和非梯度优化完善虚拟环境的构建，在细节处作出必要的补充，同时借助机器自学习完成模型的更新，使最新的变化在模型中得到体现，给出预测类问题的答案
推演决策方面	综合运用大数据和专家提升决策的精确度，根据各决策选项对应的业务走向确定最优解

针对强化学习试错成本高的问题，环境学习可提供有效的解决方案，将虚拟环境作为强化学习的试错场所，降低试错带来的实际损失，显著降低试错成本，从而促进强化学习的应用落地。

强化学习和环境学习的组合，可用于塑造机器的自主决策能力。目前，这一组合在行业内的应用正在持续推进中，应用场景包括研发、排产、营销、供应链管理等。

四、迁移学习：解决隐私敏感数据问题

迁移学习归纳和总结知识的共性，将知识迁移到多个场景中，推进AI在各领域的落地。在迁移学习的过程中，知识从源领域出发到达目标领域，由此完成知识的复用。源领域和目标领域的区别在于数据量不同，前者的数据量较为充足，可用于训练高精度模型；而目标领域包含小数据，源领域建立的模型可在此实现更新迭代，学习效果更佳。通用AI的兴起使得迁移学习的作用日益突出，基于迁移学习的大规模预训练模型在业内获得了广泛的认可。迁移学习的优势具体如图1-8所示。

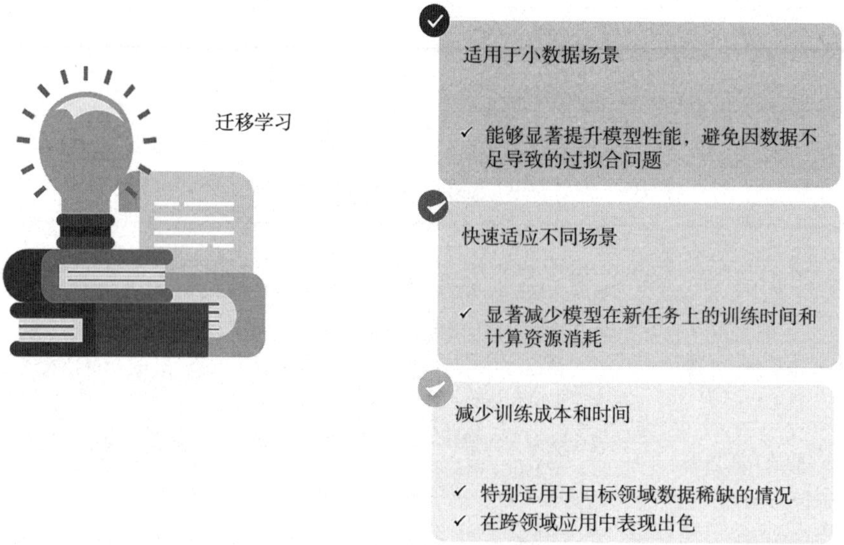

图1-8　迁移学习的优势

1. 适用于小数据场景

在现实数据中，小数据占据了很大一部分，通用AI的意义就在于将AI覆盖到小数据。工业领域的不同产线之间差别较为明显。很多时候，某件产品的形态、缺陷等各项数据数量极为有限，与此同时，工业

领域又对精确性有着极高的要求。因此，在数据相对匮乏的领域引入迁移学习是很有必要的举措。在小数据场景下，迁移学习能够显著提升模型性能，避免因数据不足导致的过拟合问题。

2. 快速适应不同场景

基于底层构造，通用AI系统能够像人脑一样学习，将已有知识延伸到更广阔的领域，实现可靠的知识迁移。通过将源领域学到的知识应用到目标领域，迁移学习能够加速模型在目标任务上的学习过程，尤其是在源领域和目标领域具有相似特征时，模型的适应性和鲁棒性更强。迁移学习可以显著减少模型在新任务上的训练时间和计算资源消耗，使模型能够更快地适应新场景。

3. 减少训练成本和时间

迁移学习能够利用源领域的丰富数据，减少对目标领域数据的需求，特别适用于目标领域数据稀缺的情况，从而提升模型训练效率，减少从头训练模型所需的计算资源和时间，降低训练成本，特别适用于资源有限的情况。而且，迁移学习在跨领域应用中表现出色，例如将自然语言处理中的预训练模型（如BERT）应用于特定领域的文本分类或情感分析任务，效果显著。

这些优势使得迁移学习在数据稀缺、跨领域应用和快速适应新任务等场景中，具有广泛的应用价值。

五、无监督学习：实现无标注数据学习

以标注情况作为划分依据，机器学习可分为监督学习、无监督学习、强化学习。监督学习是在有标签数据条件下的学习；强化学习通过环境的交互获得反馈，在此基础上决策；无监督学习是在无标注条件下，通过分析数据结构获取信息。另外，在监督学习和无监督学习之间

还有一种学习方式，即半监督学习，又称弱监督学习，在标签数量较少或标签确定性不足时使用。三类机器学习的对比见表1-3。

表1-3 三类机器学习的对比

类　型	数　据	反馈机制	应用方向
监督学习	有标签数据	直接反馈	分类：图片分类、新闻分类。 回归：股价预测、票房预测
无监督学习	无标签 / 目标	无反馈	寻找数据中的隐蔽结构、聚类
强化学习	决策过程	奖励机制	学习一系列的行动

无监督学习的优势体现在以下几方面:

1. 不依赖历史标签

不借助数据标签的好处在于，能够更敏锐地察觉到超出已知范围的“非正常”行为，比如银行欺诈等非法行为。

2. 可用于生命周期早期

在整个生命周期中，监督学习的应用范围集中于后期数据已相对成熟的场景，而无监督学习的应用范围更广，在早期场景同样适用。举例来说，在银行账户的生命周期中，开户属于早期场景，无监督学习可用于识别该场景下的异常行为。

3. 可解释性强

在多个场景下，深度学习可借助AutoML实现效率的提升，不过其问题在于决策缺乏根据，可解释性不足。而无监督学习在分析异常行为时能够给出充足的依据，相较于深度学习可解释性更强。

无监督学习或半监督学习在标签样本不足的场景下作用显著。

以反洗钱场景为例，洗钱的手段可谓五花八门，且新的手段不断涌现，要想得到关于洗钱的标签数据，需等到洗钱实际发生后，而这时损失已经产生。另外，洗钱行动往往经过了精心筹划，隐蔽性比较强，仅凭账户属性很可能无法识别，所以在应对这类场景时，监督学习存在较为明显的局限性。

而无监督学习能够从数据结构中寻找聚类，可在反洗钱场景下通过聚类检测锁定嫌疑较大的团伙，提取其特征和信息，开展模型的训练，将对作案团伙的识别结果呈现出来，为专家和有关部门的调查分析提供依据，并持续进行系统的自我迭代，尽早发现还未实施的洗钱行动，避免造成损失。

六、联邦学习：联合多方数据集训练模型

联邦学习是一种分布式机器学习方法，可用于隐私的保护，能够在数据间建立连接。在AI领域，联邦学习是一项比较新的技术，由谷歌于2016年推出，最初的应用场景为安卓手机的本地模型更新，试图在不借助本地数据共享的前提下，实现各主体数据的互联互通，完成模型的构建，有效地保障数据安全，并消除数据孤岛。

联邦学习在使用数据开展训练时，数据将留在本地，在联邦学习系统中央服务器的调度下完成建模。联邦学习的训练为多主体协同参与，需要用到一个全局模型，该模型中包含多个来源的数据。联邦学习的各方从中央服务器处获取全局模型，使用本地数据开展模型的训练，而后中央服务器从各方收集训练完成后的模型，根据训练结果实施全局模型的更新，如此的模型更新需经历多轮，最终完成模型训练。联邦学习的整个过程不包含任何本地数据分享操作，另外模型在设备与中央服务器间流动时处于加密状态。

作为一项AI基础技术，联邦学习具备开创性和颠覆性，具有多方协作、各方平等、数据隐私保护、数据加密的特征，如图1-9所示。联

邦学习的模型训练有多方的参与协作，各方之间是平等的关系。同时，联邦学习注重数据安全的保护，数据仅限于数据所有者使用，不会被分享至其他地方，确保数据隐私不受侵犯，另外在信息传输时对数据实施加密处理。

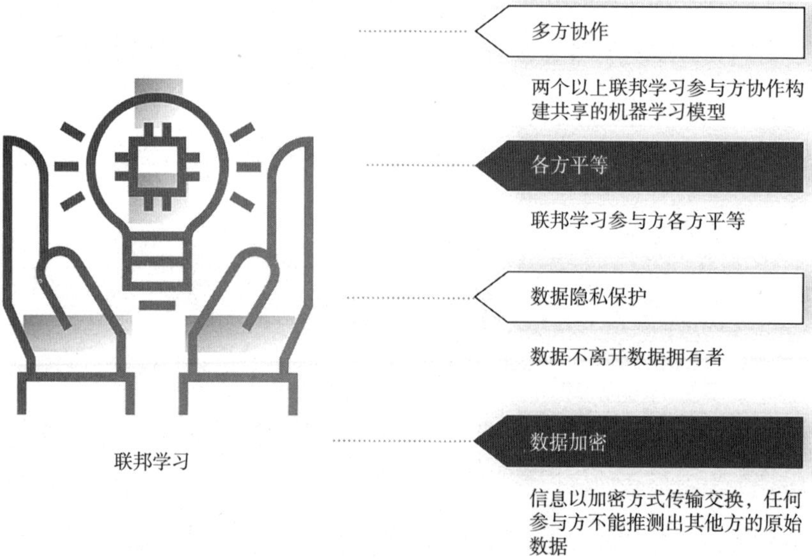

图1-9　联邦学习的主要特征

联邦学习可用于多个实际场景，这里介绍其在广告投放场景下的应用。

与联邦学习类似，广告投放也有多方的参与，具体包括媒体、广告主、第三方厂商。媒体是广告的投放平台，其在广告投放中的作用是提供平台受众的画像及行为信息；广告主是广告的发起者，负责提供历史广告反馈作为广告投放的参考；作为广告制作方的第三方厂商则负责提供其他样本数据。

广告投放的模型分为多个层级：在训练层，广告投放的各参与方在不共享数据及模型加密的情况下，开展联合建模；在管理层，由媒体承担模型管理者的角色；在调用层，各参与方借助各自的引擎，在不超出权限的前提下运用模型，应用范围包括各个广告推荐场景。

第三节　基于 AI 的预测与决策优化方法

一、AI 驱动的决策范式转变机理

从本质上来看，决策指的是对多个可行方案进行比较和分析，并从中筛选出最佳方案；预测指的是分析、辨别和描述预测对象的各项信息，如历史记录、内在机理、演进模式等，并据此判断预测对象在未来一段时间内的状态、特征和发展趋势。从二者之间的关系上来看，预测是判断决策优化场景出现的前提条件，预测结果是决策的依据，且能够影响决策的效益和效率。

现阶段，在管理科学领域，大多数科学决策的模式为“数据—预测—决策”。随着AI的发展和应用，数据处理的效率、决策场景预测的精度及决策结果优化的智能化程度均得到了进一步提高，决策模式也开始向高效化发展。

在大数据时代，AI等先进技术的应用为人们的数据处理工作提供了方便，人们可以快速从海量数据中提取出有价值的信息，也可以高效处理不同类型的数据，实时处理在线信息及拟合非线性数据，还可以获取更多体量大、维度多、尺度大、时效性强、种类多样、来源丰富的数据信息。由此可见，AI在一定程度上解决了传统预测范式中存在的各项问题，提升了预测和决策的速度及准确性，为人们实现高质量、高效率的决策提供了支持。

进入大数据时代后，AI技术快速发展，在管理科学领域的应用日渐广泛，相关研究人员也进一步加大了对基于AI的预测与决策优化理论和方法的研究力度。就目前来看，AI已经成为我国的一项国家战略，我国开展了管理科学基础研究，并积极探索AI与管理科学的共性关键技术，以AI为预测和优化的基础，不断提升预测与决策的科学性，同时将AI应用到政府治理能力建设和企事业经营管理能力建设当中，提升管理的科学性，促进管理科技创新。

基于AI的预测与决策优化理论和方法研究，有助于明确AI应用目标，促进AI与其他相关学科交叉融合，如决策科学、预测科学、优化科学等；同时，也可以在科学层面为AI的持续发展和深度应用提供强有力的支持，在战略层面为加快AI发展规划落地提供保障。

现阶段，基于AI的预测与决策优化在整个世界范围内的关注度较高，且已经成为世界各国科技人员的重点研究对象。AI的发展和应用，从根本上改变了产业生态，推动企业向数字化和智能化的方向转型发展，明显提高了信息利用效率。企业也可以借助AI技术来优化预测和决策方法，解决自身在预测和决策中遇到的各项难题。

总而言之，基于AI的管理预测与决策优化，是国家、产业、企业及学术界的重点研究对象，且当前已取得一定研究成果。未来，AI技术将进一步发展，为管理预测与决策优化理论和方法的进步提供强有力的支持，进而促进各国AI国家战略规划快速落地，推动产业发展。

近年来，互联网、大数据、传感网、信息社区等新兴技术飞速发展，AI的应用也促进了“数据—预测—决策”模式的升级发展，人们可以充分发挥AI的作用，利用特定模型和程序广泛采集各项数据信息，提高“数据—预测—决策”模式的精准性、高效性和智能化程度。

从实际操作上来看，在利用AI优化升级决策范式的过程中，相关研究人员可以对技术的客观性与人的知识经验进行结合，充分发挥AI技术的优势，解决传统决策中存在的情绪化问题和片面化问题，提升推理的深度和全面性，分析各项非结构化数据，找出这些数据的潜在规律，探索客观性和准确性更强的决策思路。

在AI的作用下，决策将以大数据为主要依靠，受人的经验和主观性的影响将越来越小，从原本以流程为主的线性范式转变为以数据为中心的扁平化范式，同时决策的准确度也会得到进一步提升，决策将逐渐向极限理性和最优化决策的方向发展，决策的参与方和信息流向也将呈现出多元化、动态化、交互化的特点。

传统决策范式难以实现对非规范化模型场景的高效处理，而AI可以辅助非规范化动态决策场景，并借助人机交互来提升决策辅助手段的主动性、知识性、动态性、预见性、确定性、趋同性，对支撑决策的各项功能进行优化升级，如数据处理、场景预测、效果评价和结果优化等，为相关研究人员探索和应用智能决策新范式提供助力。

在AI技术的支持下，决策范式逐渐发展为主动型场景预见决策。就目前来看，相关研究人员并未找出决策范式转变发展的内在机理，还需进一步加大对AI驱动决策范式转变机理的研究力度。

二、基于数据特征的AI预测方法

精准预测是实现智能决策的前提和基础。对物质世界或经济活动来说，影响其发展的因素较多，且在运行发展过程中会产生大量数据信息，人们可以利用AI技术对这些数据进行分析，找出其典型特征中的行为规律，并据此进行决策场景预测。

各个领域的数据在各个维度呈现出了不同的特征，如时间维度、空间维度、类型维度、容量维度、响应维度等，且这些特征可以在一定程度上反映出行为规律。具体来说，在金融领域，股票指数和股票变化情况均存在一定规律；在旅游领域，景区游客需求变化存在一定规律；在工商领域，企业生存和运营绩效变化情况存在一定规律；在电商领域，消费者评论和顾客互动情况存在一定规律；在电力领域，家庭用电消费存在一定规律；在能源领域，原油需求和价格变化情况存在一定规律。

这些数据通常会呈现出不同的特征，如本质生成特征、时序特征、面板特征、模式特征、动态特征等，针对不同特征的数据，研究人员需采用相应的处理方式。例如，对于时序数据，可以采用差分平稳方法；对于动态变化的数据，可以通过模态分解提取特征。由此可见，对相关研究人员来说，需要利用AI技术提升洞察和刻画数据特征的能力，并在此基础上进一步增强对未来事件的准确推演和预测能力。

近年来，互联网大数据飞速增长，传统的预测方法虽然可以实现对线性及接近线性的问题的预测，并对预测结果进行经济解释，却无法满足当前的预测需求。在这种情况下，相关研究人员需要探索和研究数据特征驱动的AI预测理论和方法，充分发挥AI技术的作用，解决在预测过程中遇到的各类高维性、复杂性、非线性的难题。

数据表示和建模技术是支撑相关研究人员开发预测技术的基本技术要素。在研究基于数据特征驱动的AI预测理论和方法的过程中，相关研究人员通常会提取数据特征，并将其看作信息和规律的载体，同时充分发挥AI技术的作用，综合运用多种方式建立相应的方法论体系及技术应用框架，如逻辑推演、函数逼近、特征识别、数理空间搜索等方式。

随着大数据、AI等先进技术的发展和应用，相关研究人员探索出了新的优化决策的角度和方法。一般来说，大数据可以通过革新处理模式来增强决策力，并利用相关技术提升信息提取能力，从海量数据中高效获取所需信息。

在处理实际规模复杂度较高的决策优化问题时，AI优化算法通常会表现出较强的适应性，能够通过全局搜索、并行计算等方式，为决策优化提供支持。与此同时，AI技术在决策优化中的应用，也能够在一定程度上减少决策优化成本，提升决策的时效性和准确性。

在发展和应用初期，智能优化算法大多以优化嵌入式备择方案排序参数为主要任务，在以智能范式代替传统范式优化目标决策问题流程方面的关注度相对较低，也没有区分各个决策场景的数据特征，且部分智能优化算法尚未发展成熟。以基于仿生学的AI优化算法为例，该算法没有成熟的数理基础作为支撑，各项AI优化方法都要进入设定好的框架中探索最佳方案，没有充分考虑数据特征分布情况的影响。

未来，相关研究人员还需找准研究方向，在把握目标决策问题情境的基础上，综合考虑样本数据的数量特征、质量特征、分布特征等多项内容，进一步探索基于AI的决策优化理论和方法，研究和完善嵌入式的AI支撑决策优化的理论基础。

三、基于领域知识依赖的AI决策

随着AI技术的快速发展和广泛应用，智能预测与决策的发展得到了多个领域知识的支持。具体来说，各类AI技术（如深度学习、强化学习、神经网络等）逐渐被应用到数据分析和预测，以及决策优化和控制当中，预测与决策的智能化程度得到了进一步提升。同时，各个领域中原有的知识也为解决预测和决策过程中遇到的各项实际问题提供了支持。

为了保证预测与决策的准确性和有效性，在生产制造领域，相关研究人员需要将库存管理、车间调度理论、供应链和可靠性等专业理论，融入预测与决策过程；在交通运输领域，相关研究人员需要将控制流、网络流分析、路径规划和排队论等专业理论，融入预测和决策过程；在金融领域，相关研究人员需要将概率论、博弈论、数理统计等专业理论以及数学规划、随机规划、动态规划和优化等建模求解技术，融入预测和决策过程。

AI预测与决策的常用方法主要包括基于传统统计分析的线性方法、基于机器学习的非线性方法和基于深度学习的隐性非线性方法。其中，基于传统统计分析的线性方法可以提取出领域数据中的线性知识，基于机器学习的非线性方法可以从领域数据中提取出非线性知识，基于深度学习的隐性非线性方法可以从领域数据中提取出隐含知识。例如，在时序预测方面，传统方法通常利用基于统计分析的自回归滑动平均系列模型，来实现对时序的预测。

近年来，机器学习逐渐被应用到预测与决策当中，用于挖掘各个领域在预测与决策方面所需的各项非线性知识。与此同时，计算机的算力也在逐渐提高，相关工作人员充分利用计算机，借助深度学习算法对时序数据进行处理，深入挖掘这些数据中的隐含知识。

传统的线性智能预测与决策方法拥有成熟度较高的理论，且应用的难度和复杂度较低，但同时也存在无法有效处理非线性领域知识的不足之处，特别是在趋势预测方面难以保证稳定性。

浅层机器学习方法也可用于处理各项低维的、简单的非线性数据，并借助这些数据实现有效预测，但当面临高维的、复杂的非线性数据时，该方法则难以发挥作用，特别是在训练集外数据的预测方面，无法充分保证预测效果。

深度学习具备十分强大的非线性表达能力，能够自动提取领域数据中的隐性知识的特征，获取预测与决策问题中的非线性领域知识。由此可见，相关研究人员需要探索根据知识特征选出合适的智能预测与决策算法的有效方法，也要充分发挥智能算法的优势，尽快解决预测与决策效果的优化问题。

四、可解释性 AI 预测与决策优化

目前，基于AI技术的预测与决策优化系统已经被广泛应用到多个领域当中，如企业管理、医疗管理、交通管理、司法管理、金融管理、旅游管理等。这些系统通过高效处理海量数据、挖掘复杂规律，为各领域的决策提供了有力支持，显著提升了管理效率和决策质量。

然而，随着预测与决策场景中非线性领域知识的引入和大规模数据的积累，深度学习等复杂模型被广泛应用于智能系统中。尽管这些模型在精度和性能上表现出色，但其“黑箱”特性使得系统的复杂度和决策机制的理解难度显著增加。这种不可解释性不仅降低了用户对AI系统的信任度，也限制了其在实际应用中的推广能力，成为AI在预测与决策优化领域进一步发展的主要障碍。为解决这一问题，提升AI系统预测与决策的可解释性，成为当前研究的重点。

基于智能化预测与决策优化的可解释性涉及多个视角，具体见表1-4。

表 1-4 基于智能化预测与决策优化的可解释性

视　角	内　容
AI 算法的可解释性	算法本身的透明性，能够清晰展示其决策逻辑和推理过程
领域问题场景的可解释性	针对具体领域的特点，将复杂的预测与决策问题转化为易于理解的形式
辅助决策过程的可解释性	在决策过程中，智能化方法能够为用户提供清晰的决策依据和推理路径
预测与决策结果的可解释性	最终输出的结果需要具备可解释性，使用户能够理解其背后的逻辑和依据

智能化模型的可解释性对实际应用至关重要。缺乏可解释性不仅会降低用户对系统的信任，还可能导致决策失误或法律风险。例如，在金融领域，监管机构要求对风险评估模型的决策过程进行透明化审查。因此，相关研究人员需要加大对可解释AI理论和方法的探索力度，结合可视化技术、规则提取方法、因果推理等手段，提升模型的透明度和可解释性。

未来，随着可解释AI技术的不断发展，智能化预测与决策优化系统将更加可靠和可扩展。这能够推动其在更多领域的落地应用，为各行业的数字化转型和智能化升级提供坚实支撑。

第二章

决策大模型

第一节 大模型的演进路径与应用场景

一、决策大模型：开启下一场 AI 革命

随着技术的进步，以ChatGPT 为代表的语言智能（linguistic intelligence，LI）逐渐代替以AlphaGo为代表的算法智能（algorithmic intelligence，AI），成为AI国际技术的第一梯队。随着ChatGPT、GPT-4、DeepSeek等大模型类产品的问世，研究不断突破、技术不断跃迁的智能化时代正在到来。

通用人工智能（artificial general intelligence，AGI）技术的发展显然不会止步于ChatGPT、GPT-4，相反，将以ChatGPT、GPT-4、DeepSeek为新的开始，继续向着新的技术高峰——未来想象智能（imaginative intelligence，II）迈进。未来，这些高端前沿技术有望实现管理与决策领域的变革。

对于大模型是否具有决策能力，很多研究者通过各个层面的实验给出了肯定答案，并进一步将研究深入大模型决策对用户的影响。2023年，《自然》杂志围绕ChatGPT 对用户道德判断和决策的影响这一课题刊登了研究文章。这一年，《美国国家科学院院刊》同样刊登了有关决策研究的论文，该文章主要聚焦于心理学领域，以GPT-3作为心理实验对象，对其认知模式、独立判断能力和决策能力进行研究。

决策大模型的构建方式是学者们的又一研究热点。2022年5月，由AI公司DeepMind开发的通用智能体Gato成功问世。该智能模型主要基于计算机视觉和自然语言处理技术，其应用的主要方向是图像处理与决

策，从其表现来看，该模型能够实现超过600个视觉文本和决策任务的处理，其中有450个任务的处理效果能够达到“半个专家”的水平。

2022年12月，上海数字大脑研究院所孵化的、致力于AI谜题破解的Enigma Tech公司开发的AI决策模型DB1正式上线。该模型建立在多技术融合的基础上，其决策判断实现了单智能体和多智能体的全覆盖。此外，这一模型在对新鲜样本的适应性上表现优异，能够快速实现规律总结与知识沉淀，在同一时间对上千个决策任务进行处理。

从应用化角度看，大模型研究的向前推进为决策软件的开发提供了强有力的技术支撑，一些产品已经成功落地。如以ChatGPT 技术为底层支撑的决策生成模型Rationale，该模型能够自动理解、分析用户输入的决策需求，同时综合考虑已知条件，有针对性地生成决策评估报告。

当前，我国将决策智能技术划入重点发展技术范围之内，并聚焦于该技术的未来发展积极布局。在“十四五”规划中，国家自然科学基金委员会（以下简称自然科学基金委）将“决策智能”列为优先发展的技术领域，同时在指南中对“政策智能理论与方法研究”进行了阐述。为了进一步对政策智能与决策智能二者的技术关联进行研究，自然科学基金委在2020年10月专门将“政策信息学与政策智能”作为第260期双清论坛的主题。

政策智能与决策智能相辅相成，互为表里。政策智能的实现必须有决策智能作为技术支撑，而政策智能的需要又成为决策智能研究不断向前发展的重要驱动力。此外，为了进一步加快智能决策领域的研究推进，以中国科学院自动化研究所为牵头单位，分别于2020年、2022年、2024年举办了智能决策论坛，聚焦于决策智能的认知培养与效率提升展开了交流。

二、演进路径：决策1.0到3.0时代

在当前技术驱动经济发展、经济发展带动社会进步的背景下，决策与分析相较于过去有了较大的变化，应用需求与场景都呈现出多元化特征，所涉及的维度与要素也更加复杂。可以说，当前的决策情景构成了一个复杂的社会物理信息系统（cyber-physical-social system，CPSS）。

在这个系统中，决策环境、决策主体和决策对象的认知行为等要素彼此纠缠、相互影响。这也赋予了此类系统不可分离的特性，即这些系统无法被简单地认为是多个独立要素的总集，因此传统的还原论（reductionism）对于这些系统并不适用，难以有效地对这些系统进行合理分解、独立分析和智能重组。因此，以可分离性为重要前提的分布决策、序贯决策等传统决策方法，在面对这些系统时将难以发挥作用。

然而，随着以ChatGPT 为代表的大模型技术的发展，当前复杂决策系统智能决策难以实现的问题将会得到很大改善。这一技术有望实现传统决策范式的变革，成为学术界和产业界进一步研究AI内容生成（AI generated content，AIGC）到AI决策生成（AI generated decisions，AIGD）的重要技术驱动引擎。AIGD技术将实现模型思考与判断在实际场景中的应用，从而代替人类进行重复性的、思维密集型的决策，让人类能够将更多的时间和精力专注于研究与创造方面。

参照决策技术演进的特征，决策的发展可以被划分为三个阶段，如图2-1所示。

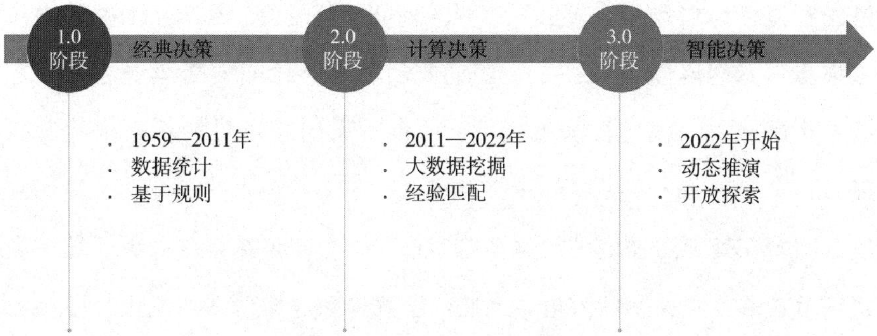

图2-1　决策的时代里程碑

1. 决策1.0：经典决策

经典决策（empirical decision-making，ED）作为最早的决策技术诞生时，具有显著的跨学科特征。其最早以现代自然科学和社会科学为基础，脱胎于1959年赫伯特·西蒙正式提出的决策科学。经典决策的研究聚焦于决策逻辑、决策过程与决策路径等方面，对于统计学的依赖性（在对内部决策数据进行统计的基础上展开决策）和决策受规则指导是其典型特征。

2. 决策2.0：计算决策

计算决策是在2011年大数据技术发展的驱动下发展起来的，这一技术融合了信息科学、数据科学和公共交叉管理等多门学科，其研究聚焦于决策者、决策关涉对象、决策环境以及这些要素之间的相互作用。该决策技术的典型特点是融合内部决策数据与外部大数据（互联网数据、第三方数据）进行决策，从而提升了决策的科学性和响应速度。

3. 决策3.0：智能决策

智能决策是在2022年走向成熟的ChatGPT 类技术的催生下出现的，该类技术运用ChatGPT 类技术框架进行决策流程的制定，从而实现决策的智能化与自动化。通过构建人与机器的深度链接，智能决策的自主性与信息统筹能力得到了空前的发展，其泛化能力与涌现能力使之能够更好地对未来进行演练模拟，不断提升对新场景和新需求的适应能力。

ChatGPT 类大模型技术是智能决策时代的重要动力引擎，是促进决策范式革新的关键性力量。因此，在具体对决策范式转变进行介绍之前，需要对大模型技术进行详细阐述。

三、ChatGPT 大模型背后的技术原理

ChatGPT 由Open AI开发，是面向多个领域的AI生成模型。该模型仍然沿用GPT系列的底层框架，但是在后期架构与算法设置方面做了一些优化与升级，同时使用海量的优质数据集对该模型进行训练，以提升其性能。此外，ChatGPT 还使用了强化学习技术，从而使模型具备像人一样的交互、思考与创作能力，以便能够生成更具应用价值的类人文本。

1. 大模型技术大集成

ChatGPT并非颠覆式突破技术，其诞生源于大模型发展领域长久以来的技术与经验积累。Transformer技术构建是ChatGPT的技术基础，同时实现了对预训练、指令学习、强化学习等领域内长期发展、已趋于成熟的技术的集成。

ChatGPT语言生成的原理在于，能够执行自回归“单字接龙”，在三个阶段的训练中，重心逐渐由数量堆积转向质量突破，训练完成后，模型则能够自主根据要求生成合理且能够被人类接受、理解和认同的类人文本。模型训练三个阶段的具体介绍见表2-1。

表 2-1 模型训练的三个阶段

阶 段	要 点
泛学阶段	主要使用海量的多元文本对 ChatGPT 进行训练，快速扩充模型的知识储备量
矫正阶段	采取监督学习的方式进一步提高 ChatGPT 学习的质量，使之掌握对话学习的能力，能够对提出的问题进行分析并作出回应
拟人阶段	使用基于人类反馈的强化学习技术对 ChatGPT 进行训练，意在提升模型的类人能力，让模型能够对人类的问题生成具有创新性、能够被人类接受的回答

2. 人机协同群体智慧涌现

在训练过程中，ChatGPT运用到了人工协同方式，通过这种方式能够更好地综合人与机器的优点，实现模型的快速进步，从而达到群体智慧的涌现。在此种模式下，人类以其独有的创造力、适应能力和反应能力，为模型提供思维模式、道德认知方面的范本；而机器则通过强大的算力进行低层次的执行，以弥补人类在效率方面的不足。

在对ChatGPT进行训练的过程中，人类需要收集海量的多元数据用于模型性能的优化提升，确保其分析决策能力能够满足各类应用场景的需求。此外，人类还会针对模型与人的交互需要进行高质量对话范例的创作、使用打分方法对模型表现进行评估，从而让模型能够针对自身的薄弱领域进行针对性训练，在人类的指导下最终生成合格的回答。

3. 大数据与大算力支撑

大数据是一类以海量数据的收集、分析与价值利用为基础的信息技术，其涉及的数据具有明显的多元化特征，且随着网络的普及，大数据通过各类应用软件、网站等与人类生活有了更为紧密的结合，对社会生活的渗透程度不断加深，这也使之能够用于大模型的决策上限提升上。大算力则指能够支撑高强度、高难度计算的计算资源和技术，是大模型训练中的重要依托。大模型训练的顺利完成，离不开大算力在计算效率、并行程度等方面的赋能。

大模型、大数据和大算力彼此支持，从而构成了良好的反馈闭环，如图2-2所示。大数据为大模型提供训练所需的数据集，而大模型的发展又能够反向推动大数据的纵深化发展；大模型的正常运行离不开大算力提供的运算支撑，而大模型所产生的运算需求又反向推动着大算力的发展。大模型、大数据与大算力构成了拉动AI技术发展的“三驾马车”，正是由于三者的彼此作用，才最终实现了ChatGPT 的迅速成熟与大范围推广。

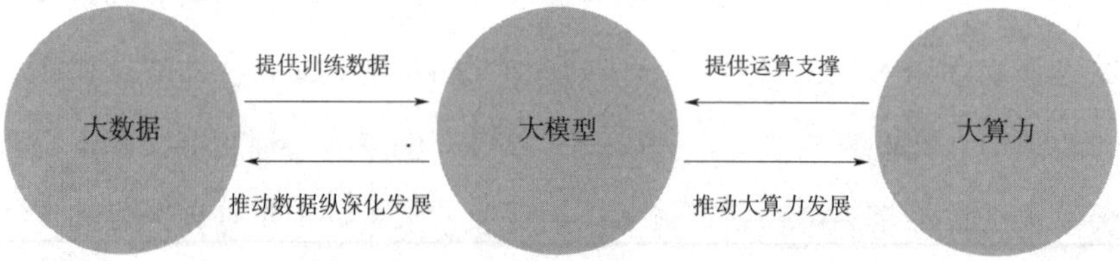

图2-2 大模型、大数据和大算力的反馈闭环

四、ChatGPT 的应用价值与落地场景

ChatGPT的顺利落地，是对通用AI应用价值的最好证明，也为多个行业带来了新的挑战。与此同时，ChatGPT 的应用推广，解决了各行各业中的自然语言任务处理难题，其对于新需求、新场景的高适应能力又进一步为各个领域提供了更大的发展空间。

从功能角度讲，ChatGPT的价值主要体现在四个方面，如图2-3所示。

1. 通顺流畅的语言生成方面

相较于以往生成模型机械化、仅停留在对表层语义理解基础上的回答，ChatGPT 能够按照人类的语言逻辑方式对人类提出的问题进行深度理解，挖掘语句中的深层语义，从而实现与人类的自然对话，满足问题回复、建议生成、休闲聊天等多种人类需求。

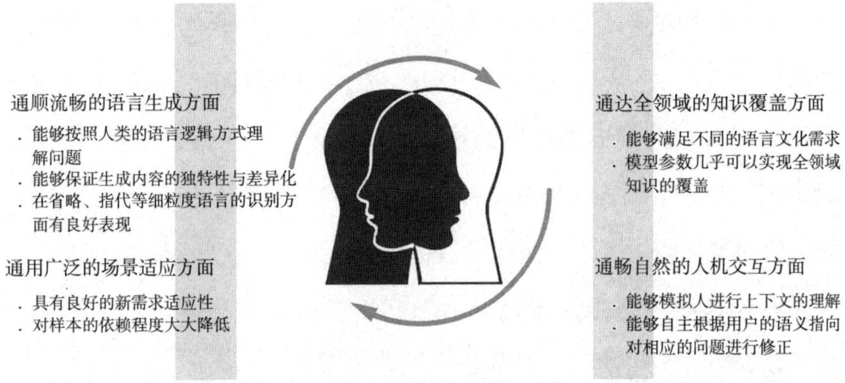

图2-3 ChatGPT的应用价值与落地场景

在进行文本生成过程中，ChatGPT会结合语义分析与句子结构灵活地对各类句法成分按照既定语言规则进行组合，从而保证生成内容的独特性与差异化。此外，ChatGPT在省略、指代等细粒度语言的识别方面也有着良好表现，从而生成语义连贯、前后一致、逻辑严密、丰富多样的高质量文本。

2. 通用广泛的场景适应方面

ChatGPT以自然语言为基础的交互方式是一种对传统意义上人机对话系统的颠覆。作为一个通用语言处理平台，ChatGPT具有良好的新需求适应性，能够满足机器翻译、代码生成、小说创作、文本分类等多种自然语言处理任务的需求，因此在未来相关领域中有着宽广的应用前景。不同于传统的人机对话系统，ChatGPT的学习对样本的依赖程度大大降低，其对于新任务的学习不再有先验知识提供要求，这使得ChatGPT的适应性和扩展性更好，从而拓宽了其应用范围。

3. 通达全领域的知识覆盖方面

ChatGPT能够实现海量多元异构数据的处理、分析与学习，能够对文本数据进行提纯，并将其沉淀为能够进行运算、推理和交互的知识。因为其训练过程中的学习数据来源于问答网站、代码、百科全书、新闻、论文、文学作品等几乎所有人类知识数据库，因此所生成的内容涵盖颇多，能够满足不同的语言文化需求。由于数据的丰富全面，ChatGPT的模型参数几乎可以实现全领域知识的覆盖，这对于跨学科、跨文化研究提供了可靠的研究工具。

4. 通畅自然的人机交互方面

随着对话内容的积累，传统的对话系统往往难以保证新对话对过往对话的前提遵循，从而导致出现话题变更的情况。ChatGPT则能够避免这一问题。通过强大的语义分析与意图挖掘能力，该模型能够模拟人进行上下文的理解，在生成新的内容时也会对之前对话中设定的条件与规则进行遵守，从而生成与历史对话内容接延、不会被新的对话内容覆盖的文本。此外，当ChatGPT出现错误并被指正时，模型能够自主根据用户的语义指向对相应的问题进行修正。

五、基于大模型的企业决策支持系统

进入大数据时代后，企业日常生产经营中产生的数据迅速增多，数据类型也越来越丰富，企业需要探索管理这些数据的有效方法，同时也要提升自身的数据应用能力，将各项数据应用到战略制定、运营管理和市场营销等各个关键环节当中。

深度学习模型、自然语言处理模型等大模型技术表现出了强大的数据处理能力、模式识别能力和预测能力，企业可以利用大模型技术对决策支持系统进行优化升级，进一步增强决策支持系统的活力。

大模型指的是具有较大的参数规模和处理复杂任务的能力的机器学习模型，常被应用在图像识别、语音识别和自然语言处理等领域当中。大模型可以利用海量数据进行训练，并在训练过程中学习数据的深层次特征，实现高精度预测、分类和生成等功能，并为企业处理各项非结构化数据以及深入挖掘数据的潜在价值提供支持。

1. 大模型在决策支持系统中的应用

大模型在决策支持系统中的应用可以归纳为五个方面，如图2-4所示。

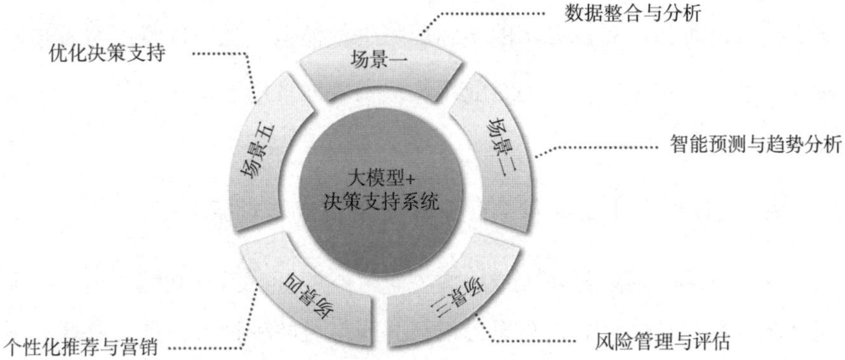

图2-4　大模型在决策支持系统中的应用

（1）数据整合与分析。大模型可以自动提取出多源异构数据中的各项关键信息，且具备数据整合和清洗功能，可以实现对数据关联性和趋势的有效识别，从而为企业的各项决策分析操作提供数据层面的支持。

（2）智能预测与趋势分析。大模型可以分析处理历史数据和市场动态信息，并在此基础上构建高精度的预测模型，利用该模型实现精准预测功能，为企业预测市场趋势、供应链变化、消费者行为等情况，以便企业据此制定和优化调整短期经营策略及长期战略规划，保证企业发展的稳定性和可持续性。

（3）风险管理与评估。大模型可以对历史风险事件进行分析，识别出潜在的风险因素和影响路径，为企业建立全方位的风险评估体系提供支持，同时也可以实现实时监测和预警功能，让企业可以提前发现潜在风险并采取相应的防范措施，及时规避风险，确保业务的稳定性。

（4）个性化推荐与营销。大模型可以对消费者的购买行为和偏好等数据信息进行分析，并根据分析结果进行个性化推荐，提升市场营销的针对性和精准度，为用户带来更好的消费体验，进而达到提升市场营销的转化率和投资回报率（return on investment，ROI）的目的。

（5）优化决策支持。大模型可以充分发挥可视化技术的作用，降低分析结果的理解难度，为决策者深入理解各项复杂的分析结果提供方便，也可以对各项决策方案的实际影响进行模拟，从不同维度对各项决策方案进行比较和评估，为企业决策提供依据，提升决策的科学性和合理性。

2. 大模型在决策支持系统中的应用挑战与对策

大模型在企业决策支持系统中拥有巨大的发展潜力和应用前景，但同时在数据隐私保护、计算资源消耗和模型可解释性等方面也存在许多不足之处。为了充分发挥大模型的作用，相关研究人员还需进一步加大研究力度，从以下四方面入手对大模型进行优化升级：

（1）提升模型可解释性。对相关算法进行优化，并充分发挥可视化技术的作用，提升模型决策过程的透明度和可理解性。

（2）加强数据治理与安全。搭建并完善数据管理体系，提高数据质量，保证数据的安全性，加强对用户隐私数据的保护。

（3）优化计算效率与成本。充分发挥边缘计算、分布式计算等技术的作用，减少在模型运行方面的成本支出，快速处理各项相关数据和任务。

（4）深化行业应用。深入了解和分析行业特点及业务需求，并在此基础上有针对性地开发大模型解决方案，助力行业向数字化的方向转型发展。

大模型技术表现出了强大的数据处理能力和数据分析能力，能够为企业的洞察和决策提供强有力的支持，是企业决策支持系统中不可或缺的一部分。未来，各项相关技术的成熟度将不断升高，应用场景将越来越多，大模型也将在企业实现高质量发展的过程中发挥重要作用。

第二节　大模型驱动下的决策范式转变

范式（paradigm）是科学哲学中的重要概念，由科学哲学家库恩提出。它是一种关于科学的总体观点和理论框架，具有普遍性意义，科学发展中产生的理论、信念、方法、价值观等都可以在范式内共享。大模型时代下的决策也需要遵循一定的范式，这种范式正从数据来源、决策生态、决策模型、决策主题四方面发生转变，见表2-2。

表 2-2　决策范式的转变

决策分类	数据来源	决策生态	决策模型	决策主体
经典决策	内部数据	物理生态	经验＋规则	人工决策
计算决策	领域大数据	封闭静态人工生态	数据＋学习	机器辅助决策
智能决策	开放域大数据	开放动态人工生态	知识＋推理	人机协同决策

一、数据来源：开放域大数据分析

先从数据来源的角度进行简单分析。大数据计算决策综合运用内外部数据，为决策数据增添了新的维度。目前，计算决策需面临复杂程度更高的新情境，跨域、跨场景数据的应用变得越来越频繁，这类数据强调关联性，同时具有非线性耦合的性质。

不过，计算决策在大数据处理方面存在较为明显的局限性，将主要关注点放在单场景的大数据挖掘上，场景的扩展有所不足，未重视跨域和跨场景数据的关联分析，使得不同领域和场景的知识之间无法建立起有效的连接，知识体系的缺失会造成额外知识无从依附，令跨域、跨场景间难以形成通畅的知识交流路线，对语义激活造成消极影响，在这样的条件下，决策数据观察将无法具备宽阔的视野，在清晰度和准确性上也无法达到较高水平。

大模型可将决策数据纳入总体框架，以此进行数据的表示，并通过自动的方式提取开放性的知识，这样的能力对于智能决策大有裨益，可大幅提升知识精度，推进知识的高度融合。数据来源的转变如图2-4所示，将数据分析从单域、单场景扩展到跨域、跨场景，有助于提高分析的全面性和深度。

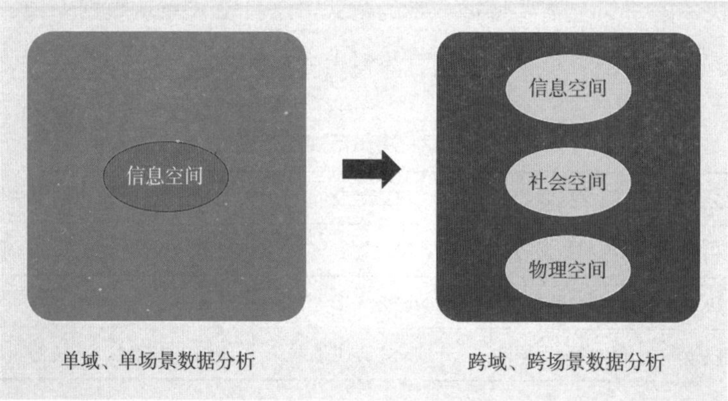

图2-4 数据来源的转变

有的决策场景出现频次较低，没有充足的历史案例可供参考，这给传统的决策范式带来了挑战。而大数据计算决策框架可充分挖掘特定领域的数据和知识，高效地利用现有资源，针对已形成认知的不确定因素给出可行的方案。

不过，有一些不确定因素是完全处于未知状态的。在面对这样的因素时，领域知识空间的扩展是一个难题，从现有空间中很难获取到可用的应对措施，严重制约决策水平。将大模型引入智能决策，可以将决策放到系统的层面上，利用跨场景知识为决策过程提供助力。

在大模型的作用下，将多个领域和场景的知识串联起来，基于对知识的全面分析和把握，在特定场景下作出更加科学合理的决策。另外，大模型具备强化学习的能力，并且能够进行反事实推理，可用于强化场景数据，拓展场景动态。

二、决策生态：开放动态人工生态

决策生态由内部要素和外部环境组成。内部要素主要包括作出决策的主体、客体、目标等；外部环境则包括多个方面，如政治、经济、文化、技术等。决策生态会持续发生演变，其各个组成部分之间存在一定的关联。在大数据计算决策中，决策生态发挥着非常关键的作用，决策生态的构建是一项需要重点关注的工作。

传统的决策生态构建主要采用人工的方式。在构建决策生态时，人们会求助于自己现有的知识框架，同时对决策场景给出个人的观点和理解，这些带有先验性质和主观性色彩的内容构成了已有决策生态的重要部分，使得决策生态在客观性和全面性上有所欠缺，并且呈现为孤立和静止的状态。这样的决策生态中时常会出现假定性成分，无法保证与现实情况保持一致，不利于为决策提供充分的要素支持，也对生态的演进造成了阻碍。

与此不同的是，运用大模型的智能决策框架能够充分利用跨域、跨场景数据，从中获取对决策有帮助的知识，并针对决策要素会怎样影响决策效果这一问题得出较为明确的结论。

在生态构建方法上，大模型改变人工构建的旧有方式，借助开放人工，采用半自动的方式构建决策生态，从依靠人工经验的主观设计转变为数据驱动和要素自动定义，避免人工先验知识造成的谬误和偏差；另外，此种构建方法不采用假设性内容，并且实现了数据知识、决策主体、决策受众之间的交互，可提供充足的决策要素，建立全面、动态、客观的决策生态。决策生态的转变如图2-5所示。

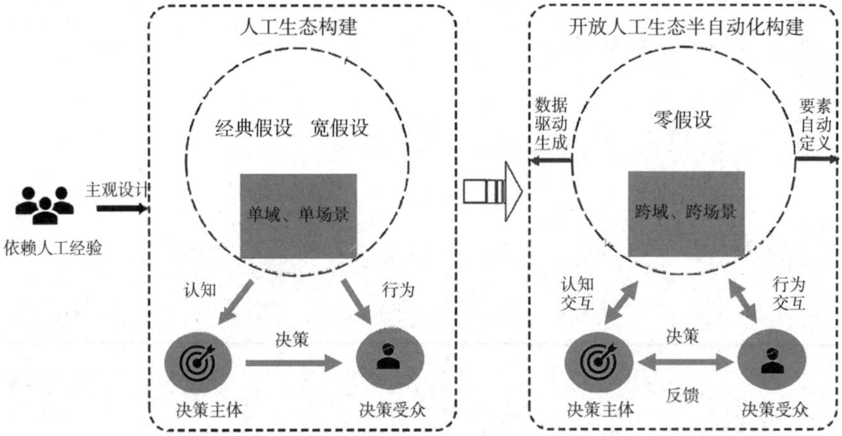

图2-5　决策生态的转变

开放人工生态半自动化构建的优势在于其跨域、跨场景的视野，整合不同领域和场景的知识和数据，对大量的案例进行分析，针对目标场景建立适用性最好、效果最佳的决策生态。

另外，大模型可进行自动化识别和量化建模，借此可准确地从决策生态中筛选出有价值的决策要素，并对决策生态实施精确测量。大模型的场景反馈式学习可为人工生态提供模拟机会，使其在人机协同场景下进行决策时能够接收外部信号并作出反应，这个过程会出现在实际的生态演进中。

开放人工生态半自动化构建的作用还在于将决策前的大量测试放到虚拟场景中进行，这样做将提供更加丰富的案例，同时有效节省试错成本。

以新能源汽车补贴政策的决策为例，在真实市场中验证各种政策选项的效果是不现实的，对此需要构建决策生态，该生态要在最大程度上做到还原现实。首先，在决策生态中模拟现实的状况，得到各项决策的模拟数据，用于决策模型的训练学习。而后，将决策模型置于真实场景中收集反馈数据，运用这些数据继续开展模型的学习，培养模型在真实场景中的决策能力。这种决策生态有助于实现高效精准决策，同时用模拟推演代替真实测试也能节省一大笔成本。

三、决策模型：基于“知识+推演”

决策问题的描述分析需依靠决策模型来完成，构建模型时要考虑到决策所处的环境、所要达成的目标以及可能产生的影响。决策模型有助于提升复杂环境下的决策能力。

过去，计算决策的模型通常使用小模型，常用的小模型有线性规划、决策树等。AI的发展催生了多种大模型，较有代表性的如ChatGPT等。在这些大模型的作用下，决策模型发生了转变，从原本的“数据+学习”变为“知识+推演”。具体来说，这样的转变涉及决策空间、决策方法、决策评估三个方面，如图2-6所示。

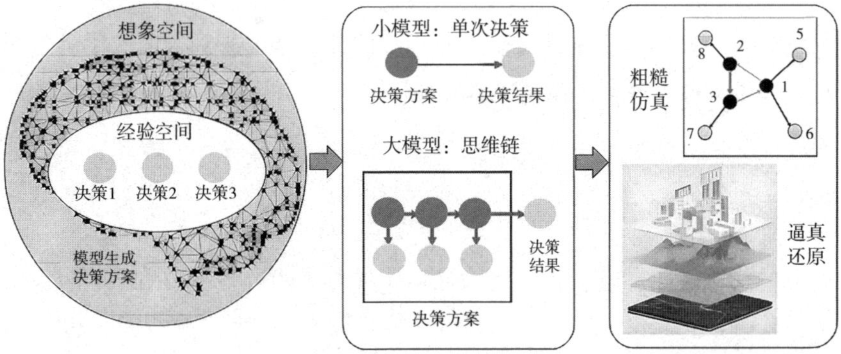

图2-6 决策模型的转变

1. 决策空间

小模型依靠的决策空间为经验空间。经验空间中包含的数据、知识等都来自实际的经验，是能够通过观察得到的；模型运用决策空间制定出多种决策方案，并在这些方案中选择。大模型则以想象空间作为决策空间，想象空间并不局限于现实的经验，而是通过模型到达更加宽广的领域，使决策者得以突破其知识框架。想象空间所能提供的决策方案较经验空间更为多样，尽可能考虑到可能发生的所有情况，候选方案的增加意味着有更大的概率得到最优解。

2. 决策方法

小模型采用单次决策的决策方法　由决策方案直接得到决策结果，整个过程非常简单。相比之下，大模型采用的思维链显得更为复杂，需要经过多个步骤。

大模型不是一次性解决问题，而是对问题进行拆分，得到多个彼此存在关联的中间问题，通过各个问题的逐一解决得出整个问题的决策结果。问题的分解意味着针对每个问题都要进行一次决策，而每次决策都不是凭空作出的，都有相应的依据作为解释和支撑，通过各步骤直到最终结果的严密逻辑推演，大模型将得出更为合理、说服力更强的决策结果。此外，大模型还能够凭借全面深入的分析指出决策方案的优劣，预测其未来走向，帮助决策者进行选择。

3. 决策评估

小模型在决策评估时采用的是粗糙仿真的方式，数据和场景等较为简单，这种做法可以起到降低计算和建模难度的效果，却不利于获取准确稳定的决策结果。

相较于小模型，大模型在计算能力和表征能力上具备明显的优势，能够积累和运用大量的知识及多样化的场景，精准地理解和把握各种逻辑关系。因此，大模型的决策评估将更加全面和细致，借助决策场景的建模最大限度地实现对真实的还原，展示出真实环境的种种细节，描绘主体间的交互行为，在这样的场景下进行决策的动态推演，评估决策的实际效果和表现，取得最优的决策结果。

四、决策主体：人机协同决策模式

社会的发展和各种新事物的涌现使决策环境变得日益复杂，同时信息技术的进步推动了决策工具的更新，这些新工具在效率和智能化方面达到了更高的水平。除提升决策能力之外，决策主体的转变是新决策工具带来的另一项影响。决策主体的转变如图2-7所示。

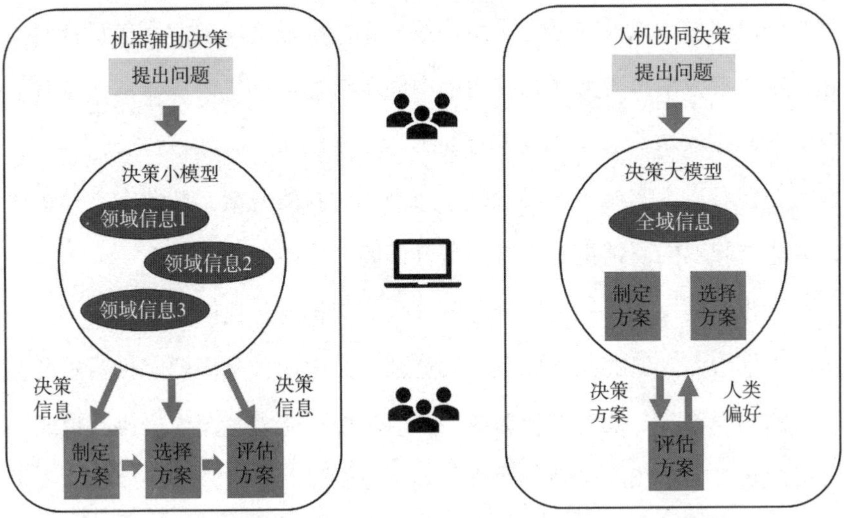

图2-7　决策主体的转变

计算决策时代下，人类发挥决策主体的作用，负责最终决策方案的制定；机器则扮演决策辅助者的角色，其职责只是为人类提供决策所需要的信息和数据，因此这种决策模式被称为“机器辅助决策”。进入智能决策时代后，AI在决策中的作用日益突出，参与决策方案的制定，其分析和推理结果是决策过程中的重要参考。在信息处理方面，AI大模型展现出了极其强大的能力，可通过数据处理获取到全域知识和专用于特定场景的信息。

生成式AI的进步使得大模型的能力得到了进一步强化，可针对具体的问题和目标制定多种解决方案，并对解决方案进行全方位评估，总结其优点与缺点，预测其可能产生的积极和消极影响。

由此可以得出决策主体大致的演进过程，最早的决策主体只包含人类；后来机器开始参与决策，但主要扮演辅助性角色，发挥主导作用的仍旧是人类；再后来逐渐形成人机协同决策的模式，机器开始更加深入地参与决策过程。

人机协同决策模式下，人类的工作变得非常简单和轻松，需要做的只是提出问题，以及就是否采用决策方案作出最终决定，而包括针对问题制定决策方案及方案评估在内的中间环节都可以交给机器。决策者会对机器制定的决策方案给出自己的反馈，如果决策者认为方案不可用，则机器会对方案实施改进和优化，或是提供新的方案，由此人类与机器之间建立起双向反馈机制，这正是合作博弈的体现。

人机双向反馈机制能够充分发挥人类与机器各自的优势。人类的优势在于创造力、道德品质以及对人类社会法则的深刻理解，机器则拥有丰富的知识储备、高超的计算能力和信息处理能力。在人机协同模式下形成的决策方案在准确性方面将得到充分保障，同时能够在现实的人类社会中展现出极强的适用性。

五、推动智能决策发展的对策建议

随着外部环境的日渐复杂，决策能力的持续提升成为一项重要任务，为此应将构建智能决策理论体系提上日程，加大相关技术的研发力度，推出通用性的决策推演引擎，在决策方面确立优势地位。具体而言，推动智能决策发展可从以下方面入手：

1. 颠覆传统决策范式

应突出AI在决策中的作用，运用大模型、混合智能等人工智能技术推动决策范式的变革，更新智能决策理论，基于完备的决策体系全面提高决策水平，为我国治理体系和治理能力现代化提供重要支撑。在具体的工作推进上，引导高校、科研机构、企业等多主体开展合作，提高研发效率，保障成果质量。

2. 构建智能决策理论体系

根据现实需求构建更加完善的智能决策理论体系，注重决策分析技术与各个学科和领域的结合，通过交叉研究提升总体理论水平和理论的通用性，扩大智能决策的应用范围。当前，我国较为迫切的需求包括自然灾害的有效应对、新能源等高新技术产业的发展等，应以此为导向推动智能决策理论的建设和应用，强化我国在重要领域的决策能力。

3. 打造决策推演引擎

在智能决策中，普适性决策推演引擎起到非常关键的作用。可从以下工作入手进行引擎的开发：

- 基于决策大数据推进大规模数据平台的构建，从数据存储、数据标注、数据管理等方面入手提升数据的总体质量；
- 开发集成度高、通用性强的模型算法，使模型具备更加强大的性能；
- 对通用大模型训练算法实施改进，开展更加高效的模型训练；
- 提升AI计算的算力，优化硬件集群性能，同时借助大训练量的模型软件使性能得到最大限度发挥。

大模型技术的迅速发展使AI驱动的全球数字化迎来了变革，在此背景下现有的决策范式将面临颠覆。今后，大模型技术在决策中的应用将日益频繁，应用范围会持续扩展，两者的融合将不断加深，而且在大模型的作用下，决策的流程和方法将得到更新。未来，决策模型的智能化水平会不断提升，处理各类问题的能力进一步增强，当智能化发展到足够高的程度时，模型甚至能够在自主意识的引导下完成决策。

另外，未来的决策模型还将在人性化程度上取得进步，成为人类值得信任的合作伙伴，充分领会人类的情感、观念、喜好，作出更加符合人类需要的决策。当前，智能决策模型的发展已经取得了一定的成果，不过在可解释性、可信性、易用性、成本控制等多个方面还有提升的空间，接下来应加强各研发主体的合作，推动决策模型开发不断取得新的进展，提高人类社会的整体决策水平。

第三章

智能制造

第一节　基于 AI 辅助决策的原料管理

原料管理是数字化工厂运营过程中不可或缺的环节。对数字化工厂来说，可以利用AI决策技术来提高原料管理的效率和智能化程度，减少在原料管理方面的成本支出。在数字化工厂中，AI决策在原料管理环节的应用，可以有效推动进货质量管理、存货周期优化、库存盘点等方面的决策走向智能化，为工厂中的相关工作人员的原料管理工作提供方便，如图3-1所示。

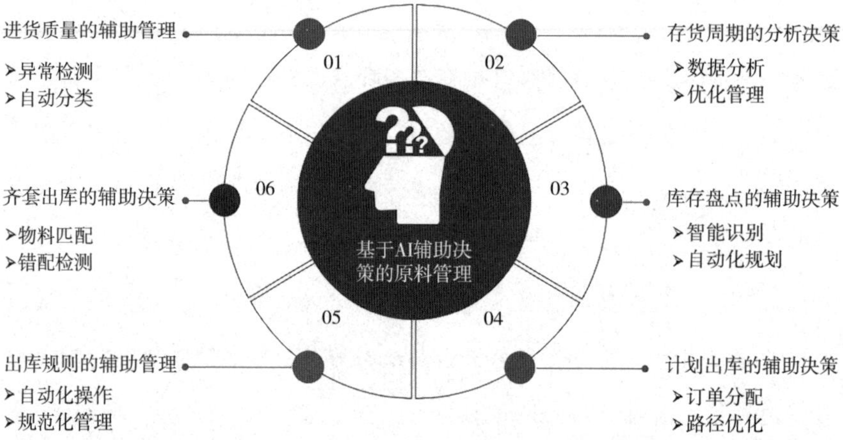

图3-1　基于AI辅助决策的原料管理

一、进货质量的辅助管理

首先简单分析AI决策技术在进货质量管理环节中的应用。进货质量的辅助管理融合了AI决策技术，可以实现异常检测、自动分类等诸多功能，为企业智能管理进货质量提供支持，助力企业进一步提高进货质量管理的效率和准确性。

在进货质量管理环节，AI决策技术主要用于异常检测和自动分类。具体来说，在异常检测方面，企业可以在已设定好相应的规则的情况下，利用AI技术和相关模型实时监测和分析进货物资的质量，以便及时发现破损、脏污等异常情况并发出相应的报警信息；在自动分类方面，企业可以综合运用机器学习算法、图像识别技术和AI系统，以自动化的方式对进货物资进行分类、识别和分拣，提升物资分类效率，并保证物资分类的准确性。

AI技术可以用智能化的方式分析各项相关数据信息，如供应商资质、历史记录等，并从分析结果出发进一步提高进货质量管理效率。具体来说，在供应商资质分析方面，企业可以利用AI技术以智能化的方式分析供应商的各项信息，如信用评分、资质认证等，并根据分析结果选出符合自身要求的供应商，合理规避进货风险；在历史记录分析方面，企业可以利用AI技术对历史进货数据进行分析，并根据分析结果判断供应商的稳定性，衡量其产品质量，以便为进货决策提供参考依据。

某电子零部件制造数字化工厂，其一直以来依赖人工抽检的方式进行质量检测。由于人工检测效率低下且极易出现疏漏，因此，在数字化转型的过程中，该工厂引进了 AI智能检测系统。当电子芯片进入检测流程后，系统即能够对芯片进行异常检测，如果发现芯片存在引脚变形、焊点虚焊、表面划痕等异常情况，会立即发送提醒，并详细标注异常位置和问题类型。

此外，在供应商资质分析方面，该系统也能够对海量的供应商信息进行深度挖掘和精准分析。比如，对供应商的资质信息、信用评分、不良记录等进行评估，从而筛选出更值得信赖的供应商。

AI决策技术在数字化工厂的进货质量管理方面发挥着十分重要的

作用。对企业来说，基于AI技术的智能辅助管理既能够提高进货质量管理效率，也能够丰富供应链环节的智能化解决方案，从而为企业的运营和发展提供支持。由此可见，企业应充分发挥AI技术的作用，提高数字化工厂进货质量管理的智能化程度和实际管理水平。

二、存货周期的分析决策

在数字化工厂中，存货周期的分析决策融合了AI技术，可以帮助企业提高存货周期管理的精细化程度，减少在库存方面的成本支出，获得更高的资金周转率。

AI决策技术具有数据分析和优化管理的作用，可以帮助企业分析存货周期数据，优化存货周期，减少库存成本。具体来说，在数据分析方面，企业可以利用AI技术全方位分析各项相关数据信息，如供应链情况、历史销售数据等，以便及时发现产品滞销、库存周转率低等问题，并优化调整存货周期策略；在优化管理方面，企业可以根据AI技术的数据分析结果，对采购和库存等方面的工作进行优化，确保采购频率和产品库存的合理性，以便减少库存成本，提高资金利用效率。

AI系统中包含预测算法和智能模型，企业可以借此实现对原料需求规划及仓储管理的优化升级。具体来说，在原料需求规划方面，企业可以充分发挥AI技术的作用，在综合考虑历史数据和市场趋势的情况下，借助预测算法实现对原料需求量的精准预测，以便根据预测结果确定进货的时间和数量；在仓储管理方面，企业可以分析预测结果和实时库存数据，并在此基础上利用AI技术以智能化的方式优化仓储布局和货架摆放方案，以便增加可利用的仓储空间，提高仓储操作效率。

某服装生产工厂，其产品细分门类较多，涵盖运动装、休闲装以及童装等。在传统的采购与库存环节，工厂主要依靠销售表格和既有经验进行安排，但总容易出现库存积压或缺货的情况。

基于工厂的实际情况配置AI系统后，情况有了明显改善。系统不仅能够对往年的销售数据进行整理和分析，而且能够实时采集供应链上下游的数据，比如面料供应商的供货进度等。在综合分析各方面数据的基础上，系统能够预测未来一段时间的销售趋势，为企业制定相关决策提供参考。比如，在采购计划制订环节，系统能够自动生成包括具体时间安排和不同类别数量的采购表；而在仓储管理环节，系统能够在分析库存数据和销售趋势的基础上，优化和调整仓储布局。

此外，系统还能够对工厂的库存情况和货物调度进行实时监控。在检测到库存水平低于设定阈值时，发送预警，并生成相关补货单。这一系列操作，有效提升了工厂库存运营的效率，大幅降低了库存成本，同时资金周转率和客户满意度也有了明显提升。

总而言之，AI技术具备强大的数据分析和智能预测功能，能够在存货周期管理方面发挥重要作用，为数字化工厂优化存货周期、减少库存成本、提升库存管理效率和保证库存管理精度提供强有力的支持。随着AI决策技术的不断发展，越来越多企业将其应用到存货周期管理当中，以提升数字化工厂仓储管理的智能化程度，进而实现对仓储管理的优化升级。

三、库存盘点的辅助决策

在数字化工厂中，库存盘点的辅助决策融合了AI技术。在AI决策技术的支持下，企业可以提高库存盘点流程的智能化程度，实现流程优化，从而达到提升盘点的效率、便捷性和准确性的效果。

AI决策技术可以推动库存盘点走向智能化，实现智能识别和自动化规划，降低库存盘点流程的复杂度。具体来说，在智能识别方面，企业可以综合运用AI、图像识别、射频识别技术（radio frequency identification，RFID）等多种先进技术，实现对各项相关信息的自动识别，如物料信息、货架位置信息等，进而为盘点人员的工作提供方便；在自动化规划方面，企业可以分析仓库布局和盘点需求，并利用AI系统自动规划盘点路线，提高路线的合理性，助力盘点人员进一步提高盘点效率，进而达到降低人力成本和时间成本的效果。

AI系统具有数据分析和智能识别功能，可以用智能化的方式处理各项库存数据，帮助企业提升盘点的效率和准确性。具体来说，在数据分析方面，企业可以利用AI技术对各项历史库存数据进行智能分析，及时找出其中存在的异常状况和潜在问题并发出预警信号，避免出现盘点错误等问题；在智能识别方面，企业可以利用AI技术识别出库存盘点中存在的各类异常状况，如遗漏盘点、存放不规范等，以便相关工作人员及时进行处理，确保盘点的准确性和全面性。

某大型 3C产品制造企业，其仓库面积比较大，涉及的物料也较为繁多。以往，采用人工进行盘点时，员工需手持纸质表单点数。这样的方式不仅需要耗费较多的人力和较长的周期，而且盘点效果并不理想。后来，企业引入了AI决策技术。由于仓库多处安装了高清摄像头，进行盘点时，盘点人员仅需将移动终端连接AI系统，然后结合RFID设备，便能够高效识别物料的具体信息。

AI系统不仅可以依据仓库布局和盘点需求进行盘点路径规划，还可以综合货架的分布、通道的宽窄等设计盘点方案。在盘点的过程中，系统可以对历史库存数据进行分析，及时发现库存数量突变、周转率出错等异常，同时对比相关数据，精准识别遗漏盘点、物料错放等问题，并在此基础上生成异常报告，供企业管理层进行复查和后续优化。

总而言之，AI技术具有十分强大的数据分析和智能识别功能，能够在库存盘点方面发挥重要作用，为数字化工厂提高盘点的效率、准确性和智能化程度提供强有力的支持，同时也可以帮助企业减少在人力和时间方面的成本支出。对企业来说，AI技术在库存盘点中的应用明显提高了仓库管理水平。企业可以充分发挥AI技术的作用，对数字化工厂的库存盘点流程进行优化升级，以便实现智能化盘点。

四、计划出库的辅助决策

在数字化工厂中，计划出库的辅助决策融合了AI技术。在AI决策技术的支持下，企业可以通过订单分配、路径优化等方式进行智能化的出库管理，并对出库过程进行优化升级，充分保证出库的准确性和高效性以及客户的满意度。

AI决策技术可以实现订单分配、路径优化等功能，为企业的出库管理工作提供方便。具体来说，在订单分配方面，企业可以利用AI技术分析各项订单相关信息，如订单的属性和优先级情况等，并根据分析结果以智能化的方式将各个订单分配到合适的出库通道中，同时综合考虑库存状况和出库需求等各项相关因素，保证订单出库的顺畅性；在路径优化方面，企业可以充分发挥机器学习算法、实时数据更新等技术手段的作用，利用AI技术对出库操作路径进行优化，降低操作的复杂度，减少操作时间和行程，以便实现高效出库。

基于AI系统的智能算法和优化模型，可以帮助企业优化出库流程，降低出库的出错率，进一步提升出库的效率和准确性。具体来说，在智能算法方面，企业可以利用AI来分析和学习各项数据，并在此基础上针对各项出库任务制定最佳作业方案及工作流程，提高出库的高效性和有序性；在优化模型方面，企业可以充分发挥模型优化和实时监控等功能，充分掌握实施情况和需求，并据此对出库计划进行动态调整，充分保证出库的准确性和及时性。

某大型家电制造企业，其每天的订单出库任务十分繁重。此前，订单分配和出库路径规划依赖人工，效率低且易出错。而且，在促销等活动节点，由于订单激增，常出现发货延迟、错发等问题。

引入AI决策技术后，工厂可以将订单信息实时录入 AI系统，系统便能快速分析订单信息，确定其出库优先级，比如“6·18”大促期间，系统判定某电商平台紧急追加的冰箱订单具有较高的优先级，于是结合库存状况，把此订单分配到出库效率最高的通道。不仅如此，系统能够根据仓库设备、通道状况等迅速规划最优出库路径，有效缩短出库时间。此外，系统能够对出库计划进行实时监测。如果发现库存不足、设备故障等异常情况，可启动应急程序，调动相关部门协同配合。

总而言之，AI技术具有十分强大的智能算法和路径优化功能，能够对计划出库流程进行优化，并提升该流程的智能化程度，为企业提升出库的效率和准确性提供强有力的支持，从而优化客户体验，达到增强市场竞争力的效果。对企业来说，可以学习和借鉴其他企业的成功经验，充分发挥AI技术的作用，推动数字化工厂计划出库管理走向智能化。

五、出库规则的辅助管理

在数字化工厂中，出库规则的辅助管理融合了AI技术。在AI决策技术的支持下，企业可以用智能化的方式来管理出库规则，并充分利用自动化操作、规范化管理、智能学习调整等功能，进一步提高出库流程的高效性、可靠性和灵活性。

AI决策技术具备自动化操作和规范化管理功能，能够为企业的出库规则管理工作提供支持。具体来说，在自动化操作方面，企业可以在掌握相关规则和条件的基础上，充分发挥AI技术和AI系统的作用，自动化处理各项出库相关工作，如货物拣选、出库任务分配等，减少人工参与，从而达到降低人力成本、提高操作效率的效果；在规范化管理方面，企业可以利用AI技术构建规范化的出库规则体系，提升出库流程的规范化和标准化程度，在规则的指引下处理各项出库任务，充分保证出库管理的科学性和稳定性。

AI系统具备智能学习和调整优化功能，可以支撑企业优化出库规则，确保出库流程的高效性和可靠性。具体来说，在智能学习方面，企业可以借助持续学习和优化算法对出库规则进行动态调整，提高出库流程的灵活性和适应性，确保出库规则始终符合实际情况，可充分满足操作需求；在调整优化方面，企业可以在掌握各项实时数据和反馈信息的情况下充分利用AI技术，以自动化的方式对出库规则、出库路径和作业流程进行优化调整，提升出库过程的高效性、稳定性和可靠性。

某大型日用品制造企业，其每天需要处理大量订单出库任务，在销售旺季和大促期间常会出现拣选错误、出库延迟等问题。AI系统能够与仓库内的传感器等设备连接，基于提前设置的出库规则等信息，自动生成货物拣选清单，并将清单信息实时发送至相关的员工和自动化设备。AI系统的使用，大幅提升了企业的出库效率，使得人力成本降低了60%。

而且，在规范化管理方面，AI构建了涵盖货物入库到出库配送的出库规则体系，并在各个环节均设置了明确的标准流程。此外，AI系统能够主动搜集和分析相关领域的信息，并不断调整出库规则。比如，夏季来临前，系统分析显示花露水等防蚊产品的需求不断提高，便提前优化其出库规则与布局，使其在旺季的出库效率提高了40%，库存周转率增加了30%。

总而言之，AI技术在出库规则管理中的应用有效提高了出库流程的高效性和可靠性，同时也帮助企业减少了运营成本支出，规避了一定的出库风险。对企业来说，可以参考其他企业的实践经验，利用AI技术来优化数字化工厂的出库规则，并以智能化的方式对出库规则进行管理。

六、齐套出库的辅助决策

在数字化工厂中，齐套出库的辅助决策融合了AI技术，能够帮助企业提高物料搭配的准确性和配套性。在AI决策技术的支持下，企业可以利用匹配算法、智能识别等功能，以智能化的方式管理齐套出库过程，进一步提升齐套出库的效率、准确率，优化客户体验，获得更高的客户满意度。

AI决策技术具备物料匹配和错配检测功能，其在齐套出库过程中的应用能够有效防止出现物料搭配错误问题。具体来说，在物料匹配方面，企业可以在掌握订单要求和库存状况等信息的情况下，利用AI技术对各项物料进行智能匹配，找出需要同时出库的物料，并保证物料搭配的完整性和正确性；在错配检测方面，企业可以利用AI技术以智能化的方式，对搭配情况进行实时检测，及时找出并处理错配问题，在最大限度上减少出库错误。

AI系统可以充分发挥匹配算法和智能识别的作用，降低齐套出库的出错率。具体来说，在匹配算法方面，企业可以综合运用AI、大数据分析、机器学习算法等技术迅速找出关联物料，并进行精准匹配，同时从需求出发通过AI系统获取最佳出库方案；在智能识别方面，企业可以利用AI技术对物料的属性、特征、拓扑关系等进行识别，利用AI系统衡量各项物料之间的关系，保证物料可以准确且快速地齐套出库。

某汽车零部件制造企业，由于其需要为各大车企提供核心零部件，因此齐套出库对其业务至关重要。在引入AI技术前，工厂齐套出库完全依赖人工，不仅效率不够理想，且极易出错。比如，某次人工配货失误，少发了关键螺栓，导致客户生产线停工，为此工厂支付了高额违约金。

引入AI决策技术后，这种情况大为改观。在物料匹配环节，AI系统能够分析订单需求，与库存系统对接，并利用匹配算法快速筛选库存，从而生成精确全面的物料清单。如针对新型发动机订单，系统能迅速匹配活塞、曲轴等零部件，确保搭配完整正确。而且，在错配检测方面，仓库出口的摄像头和图像识别设备能够识别物料外观、标识等，并与标准数据进行比对，如果发现错配，便立即发出警报并显示错误详情。

总而言之，AI决策技术在数字化工厂中的应用大幅提高了齐套出库的智能化程度，保证了出库的效率和准确率，减少了操作错误，降低了出错率，提高了客户的满意度。对企业来说，可以加大对AI技术的研究和应用力度，借助AI技术来优化数字化工厂齐套出库管理，提升管理的智能化程度。

第二节　AI 决策驱动的生产工艺优化

在数字化工厂中，生产工艺是影响产品质量和生产效率的关键因素。为了充分保证产品质量和生产效率，数字化工厂需要将AI决策技术应用到物料跨接分析、工艺合理性判断、生产周期辅助分析等多个环节当中，借助先进技术来提高工艺流程的高效性和智能化程度，如图3-2所示。

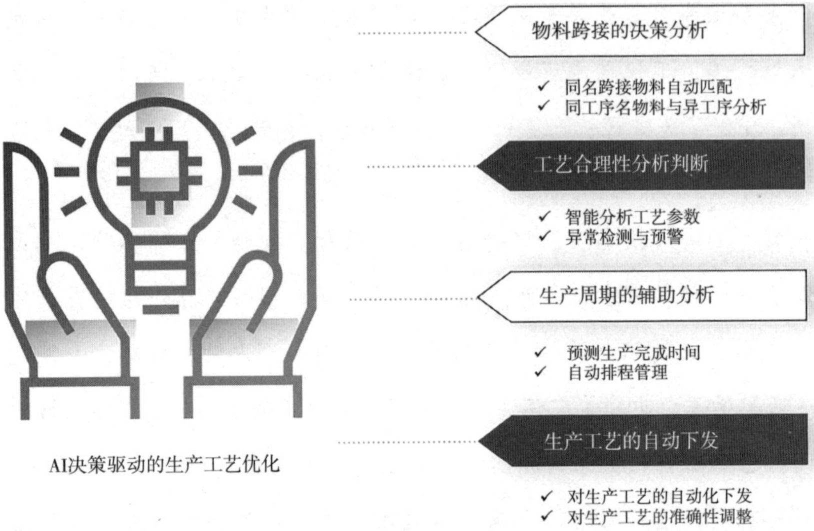

图3-2 AI决策驱动的生产工艺优化

一、物料跨接的决策分析

首先简单分析AI决策技术在物料跨接环节中的应用。物料跨接关乎产品的生产效率和工艺质量，在整个生产制造过程中发挥着重要作用。对数字化工厂来说，可以将AI决策技术应用到物料跨接分析当中，防止出现匹配错误等问题，进而达到提高匹配准确性的效果。

1. AI决策+物料跨接分析

AI决策技术在物料跨接分析中的应用大致可分为两种类型，具体见表3-1。

表3-1 AI决策技术在物料跨接分析中的应用

应用类型	主要内容
同名跨接物料自动匹配	这一应用能够利用AI技术进行学习，并存储各项历史数据和规则，同时自动识别并筛选出同名物料，再迅速对这些物料进行匹配，提高跨接效率
同工序名物料与异工序分析	这一应用可以充分发挥AI技术的作用，分析各项工序之间的关联性，识别出同工序名物料在不同工序中的正确匹配，防止出现交叉混淆等问题

2. 降低跨接失败率和错误率

AI决策技术在物料跨接中的应用可以实现智能分析与优化以及数据模型构建功能，能够有效降低跨接的失败率和错误率。一方面，AI技术的应用可以实时监测物料跨接过程，帮助数字化工厂及时发现和解决物料跨接时出现的异常情况，合理防范各类错误风险；另一方面，数字化工厂可以借助AI技术来优化完善物料关联模型和算法，提升物料关系识别的精准性，防止出现匹配错误等问题。

3. 应用案例

某大型制造企业主要生产精密零部件，生产过程涉及数百种物料和极为复杂的工序流程。因此，在物料跨接环节，容易出现同名物料匹配错误、工序交叉混淆等问题，因此造成的零部件错放率高达5%，漏装率也达到了3%。这不仅增加了企业的生产成本，还影响了产品的质量和交付周期。

后来，企业引入了基于AI决策技术的物料跨接系统。该系统能够通过AI技术学习历史数据和相关规则，自动识别并筛选同名物料，快速完成匹配，从而提升了物料跨接效率；能够分析不同工序之间的关联性，识别不同物料的匹配要求，从而避免了工序交叉混淆的问题；能够实时监测物料跨接过程，及时发现并应对异常情况，进行潜在错误预警，从而降低了各类错误风险的发生概率；能够优化物料关联模型和算法，提升物料关系识别的精准性，从而减少了匹配错误的发生。

通过引入AI决策技术，该企业在物料跨接方面取得了显著成效：零部件的错放率从5%降至0.5%，漏装率从3%降至0.3%，物料跨接速度提升了30%，生产周期缩短了15%。

AI决策技术在物料跨接分析中发挥着十分重要的作用，对企业来说，可以借助AI决策技术提高生产流程的高效性和智能化程度，降低出错率，充分保证产品质量和生产效率，同时也可以借此加快推进数字化转型工作，并为自身实现智能化生产提供强有力的支持。

二、工艺合理性分析判断

工艺合理性分析关乎产品的质量和生产效率，是产品生产制造过程中的关键环节。AI决策技术在工艺合理性分析中的应用，可以实现智能化的分析和判断功能，为企业进一步提升产品质量和生产效率提供助力。

1. AI决策+工艺合理性分析

AI决策技术在工艺合理性分析中的应用主要包括两项，见表3-2。

表3-2 AI决策技术在工艺合理性分析中的应用

应用类型	主要内容
智能分析工艺参数	这一应用可以充分发挥AI技术的作用，以智能化的方式对产品各项工艺参数进行分析，并学习各项历史数据、行业标准和相关规则，科学合理地衡量工艺参数的合理性
异常检测与预警	这一应用可以利用AI技术来监测工艺过程，提前发现异常情况并向相关工作人员发出预警信号，以便及时处理问题，保证产品质量不受影响

2. 实现生产工艺的改进与优化

AI技术具备历史数据分析以及实时优化和调整功能，可以通过对各项历史数据的分析找出隐藏规律，发现优化空间，从而为企业进一步改进生产工艺提供依据，同时也可以从实时数据和模型预测出发，自动优化调整各项工艺参数，提升工艺参数的科学性和合理性，实现对工艺的优化，进而充分保证产品质量和生产效率。

3. 应用案例

某汽车零部件制造企业主要生产工艺复杂、质量要求较高的发动机关键零部件。以往，企业依赖传统检测手段进行工艺合理性分析，工艺参数调整不够精准，因此产品质量波动大，企业的生产效率提升也十分困难。

引入AI决策技术后，AI系统能够对企业的各类生产数据、市场数据等进行分析，比如不同批次产品的工艺参数、生产环境数据、质量检测结果等，发现工艺参数与产品质量、生产效率之间的关系。在具体的生产环节，AI系统可以分析各项工艺参数。例如在铸造工序，对金属液温度、浇铸速度、模具温度等相关参数进行监测和分析，当参数偏离最优范围时，立即预警并给出调整建议。同时，对企业的生产工艺流程进行全方面监测和分析，如加工工序的设备运行状态和刀具磨损情况等。

AI决策技术在工艺合理性分析判断过程中发挥着十分重要的作用。对企业来说，可以借助该技术来提高工艺评价的准确性和客观性，充分保证产品的生产质量和生产效率；对工业制造行业来说，AI技术的应用也有助于制造工艺的持续优化，进而促进整个行业快速发展。

三、生产周期的辅助分析

生产周期的辅助分析关乎企业的生产效率和客户交付满意度，是生产制造过程中的关键环节。AI决策技术在生产周期的辅助分析中的应用，可以在一定程度上优化生产计划，提升整个计划的准确性，助力数字化工厂实现智能化、高效率的生产调度。

1. AI决策+生产周期分享

AI决策技术在生产周期辅助分析中的应用主要包含预测生产完成时间和自动排程管理。具体来说，AI技术的应用既可以根据订单情况、工艺参数和历史生产数据等相关数据信息预测生产周期，提高产品生产完成时间预测的精准性，也可以综合考虑各项相关因素，如资源利用、工艺流程、交付时间等，并据此自动生成最佳生产排程方案，帮助企业在最大限度上提升产品生产线的利用率和生产效率。

2. 实时分析订单需求和生产资源

AI技术在生产周期辅助分析中的应用，可以实现对数据的实时分析以及对生产计划和生产调度的优化。具体来说，AI技术的应用既可以为企业实时监控和了解生产状况提供方便，帮助企业的管理人员及时掌握生产现场数据、订单需求情况、生产资源状况等数据信息；也可以与智能算法协同作用，根据各项实时数据动态优化生产计划，提高资源分配和产品调度的合理性，帮助企业灵活应对市场变化，充分满足市场需求。

3. 应用案例

在电子设备制造行业，某知名企业主要生产智能手机核心组件，其一直面临产品型号多、工艺复杂、订单交付周期短的挑战。AI系统能够深入分析企业积累的相关数据，包括订单、产品规格、工艺参数、原材料供应、设备运行和历史生产周期等，掌握各生产环节与生产周期的关联。

因此，当新订单下达时，AI系统几分钟内就给出精准的生产时间预测，企业可以基于预测的生产周期与客户沟通交付时间。而且，AI系统还能自动生成生产排程方案，如依据设备维护计划和性能，将不同工艺产品分配到合适的生产线，避免因设备维护等原因影响正常的生产流程，从而有效提升了生产线的利用率。此外，当遇到订单变化或生产线异常情况时，AI系统还可以将任务分配到备用生产线，尽可能保障订单按时交付。

AI决策技术在生产周期的辅助分析过程中发挥着十分重要的作用。对企业来说，可以借助AI决策技术设计出科学、合理、有效的生产规划和调度解决方案，不断优化生产过程，从而进一步提高生产管理的智能化程度，获得更高的生产效率、交付速度和客户满意度。

四、生产工艺的自动下发

生产工艺的自动下发关乎生产的效率和准确性，是生产制造过程中的关键环节。在AI决策技术的作用下，企业可以充分发挥智能算法和工艺参数数据库的作用，提高工艺下发的自动化程度和准确性，实现生产工艺的自动下发。

1. AI决策+生产工艺自动下发

AI决策技术在生产工艺的自动下发中的应用主要涉及智能算法和工艺参数数据库两项内容。具体来说，智能算法可以从产品的工艺要求和参数出发，为企业提供最佳生产工艺方案，确保生产工艺的有效性；工艺参数数据库融合了AI技术，可以存储各项产品的生产工艺相关数据，如工艺参数、工艺特性等，并以自动化的方式进行工艺下发和调整。

2. 生产工艺的自动化下发和准确性调整

AI技术的应用可以实现对生产工艺的自动化下发和准确性调整。具体来说，在自动化下发方面，AI技术可以分析订单需求和产品规格等数据信息，并自动从中提取出各项相关工艺参数，将这些参数信息下发到相应的生产设备或工作站当中；在准确性调整方面，AI技术可以对生产过程中的工艺状态进行实时监测，分析各项实时数据、反馈信息和实际需求，并据此灵活调整工艺状态，提高工艺的准确性。

3. 应用案例

在机械加工行业，某制造企业专注于高精度零部件的生产，产品广泛应用于航空航天、汽车制造等领域。这些零部件的生产工艺复杂，对精度和质量要求极高，传统的人工下达生产工艺的方式，不仅效率低下，还容易出现人为误差，从而导致产品质量不稳定、生产周期延长等问题。

为解决这些问题，企业搭建了一套融合AI技术的智能生产系统。该系统集成了先进的智能算法和庞大的工艺参数数据库。当接到新的订单时，系统会迅速对订单信息进行解析。比如，对于一批航空发动机叶片的生产订单，系统会精准识别出叶片的型号、规格、精度要求等关键信息。智能算法则能够根据产品的工艺要求和参数，从海量的历史数据和工艺方案中进行筛选、分析和优化，为此次生产提供最佳的生产工艺方案。

在生产过程中，一方面，系统会与生产设备保持实时通信；另一方面，传感器则实时采集设备的运行数据、加工过程中的温度变化、刀具磨损情况等信息，并将这些数据反馈给系统。系统通过对这些数据进行分析，可以发现实际生产情况与预设工艺参数之间是否存在偏差，并根据需要及时进行准确性调整。比如，发现因刀具磨损而导致加工精度下降时，系统会自动调整切削参数，或者提示操作人员更换刀具，确保产品质量始终符合标准。

通过应用AI决策技术，该企业的生产周期缩短了30%，产品的合格率从85%提升到98%，人为操作失误大幅减少，生产过程的稳定性和准确性得到了极大增强。这不仅提高了企业的市场竞争力，还为企业赢得了更多高端客户的信赖。

AI决策技术在生产工艺的自动下发过程中发挥着十分重要的作用。对企业来说，可以借助技术来提高生产制造的自动化和智能化程度，优化生产流程，减少人为操作失误，进而获得更高的生产效率，实现自动、准确、高效生产。

第三节　AI 决策在生产过程中的应用

生产过程是数字化工厂中的关键控制对象，通过AI决策技术，能够实现生产过程管理的智能化升级，从而实现生产的提质增效，如图3-3所示。接下来，将围绕AI技术在数字化工厂中生产过程环节的应用进行介绍，以便更好地阐明数字化工厂生产过程的优化策略。

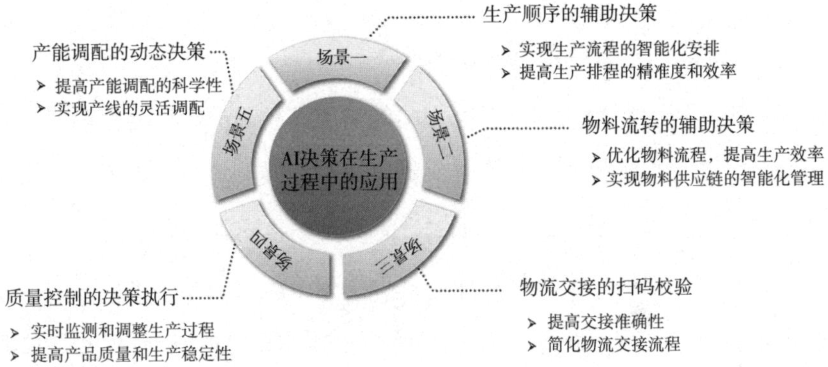

图3-3　AI决策在生产过程中的应用

一、生产顺序的辅助决策

首先简单分析AI决策技术在生产顺序环节中的应用。在数字化工厂中，正确的生产顺序意味着更加合理的资源配置和更高的生产效率，因此需要通过生产顺序的辅助决策进行生产过程的智能化统筹，AI决策在这一点上发挥着重要作用。通过AI决策技术的应用，能够根据生产流程的性质、用料安排、用时长短等，制定出最优的生产流程排布策略。

1. 实现生产流程的智能化安排

AI能够通过大数据分析对历史生产过程数据进行学习，深度挖掘出生产过程中工艺要求、设备状态、人力安排等要素之间的规律，随后通过智能算法并结合所发现的规律进行智能运算，综合各类要素情况确定最优生产顺序安排表，同时根据要素情况的变化相对应地对计划进行调整，使得每一个时间点上的要素状态都有与之对应的最优生产顺序安排。

基于AI决策技术的生产顺序管理，能够实现生产过程中的资源优化配置，提高生产效率，同时能够满足生产过程随需求调整的柔性生产要求。

2. 提高生产排程的精准度和效率

通过对历史数据的深度学习，AI能够建立精确的生产过程模型，从而对生产状态进行预测，及时进行物料调配、人员增减等决策，确保生产环节之间的高效衔接，进一步提升时间与要素的利用率。

优化算法能够结合物料供应、订单优先级、设备利用率等因素，对生产排程进行优化，减少订单与订单之间的等待时间，同时保证订单的准时交付。

3. 应用案例

某工厂主要生产定制化工业设备，具体涉及多种零部件和复杂的装配工序。传统的生产排程存在诸多问题，具体表现为：人工排程耗时较长，难以快速响应订单变化；设备闲置率高，物料调配不及时，导致生产环节之间的衔接不畅；订单交付周期长，客户满意度下降。

在数字化转型过程中，该工厂引入了基于AI决策技术的智能化排程系统。系统能够基于对相关数据的分析，挖掘生产工艺要求、设备状态、人力安排等要素之间的规律，生成最优的生产顺序安排表，并根据变化进行动态调整；能够综合考虑物料供应、订单优先级、设备利用率等因素，减少订单之间的等待时间；能够预测生产状态，及时进行物料调配、人员增减等，确保不同生产环节的高效衔接。

通过引入AI决策技术，该工厂的生产排程时间大为缩短，排程效率提升了80%；设备闲置率降低了30%，物料调配及时性提升了25%；整体生产周期缩短了20%，订单交付准时率提升了15%，客户满意度也有了显著提高。

通过上述内容，可以看出AI决策技术在生产顺序的辅助决策中所发挥的重要作用。数字工厂通过建立基于AI决策技术的生产流程智能管理系统，不仅解决了传统人工排程效率低、适应性差、颗粒度低的问题，也使生产环节之间的衔接度更高、更加可持续。企业应进一步提高AI技术在生产顺序管理中的应用深度，以进一步激发生产潜力，从而获得市场主动权。

二、物料流转的辅助决策

物料流转的辅助决策是数字化工厂实现物料智能管理的关键。通过在物料流转管理中引入AI技术，能够实现生产过程中的物料高效流转，让物料流转与生产节奏相协调。

1. 优化物料流程，提高生产效率

通过数字化技术，AI能够实现生产过程中的实时监控与数据分析，建立数字生产模型预测物料需求，及时给出添料或换料的提示，以确保生产过程中的物料精准供应，避免因缺料导致停机。通过AI技术优化物料流程，能够有效缩短生产过程中的预算计划制订、物料采购、运输与仓储管理之间的路径，将存储物料控制在最适数量，降低仓储成本，提升物料供应链对生产需要的灵敏度。

2. 实现物料供应链的智能化管理

引入AI技术后，物料流转管理系统能够本着“成本最低、效益最大”的原则，根据生产需求和生产状态灵活地进行物料运输路径的规划，选取与生产计划匹配度最高的供应节点，保证生产过程的不间断。智能控制功能能够实现物料流转的全周期控制与追踪，及时对出现的各种问题进行响应，执行相应的处理行动，有效提升物流灵敏度，实现整体生产过程的优化。

3. 应用案例

某大型汽车制造企业，其旗下拥有多条高度自动化的汽车生产线，每日生产汽车零部件数量庞大、种类繁多，物料流转极为复杂。在引入AI决策技术前，企业时常出现物料供应不及时、库存积压或缺货等问题，严重影响生产效率。为改善这种状况，该企业在其数字化工厂中全面应用了AI决策技术，用于物料流转管理。

企业构建了一套融合智能算法的实时监控系统，在生产车间的各个关键位置安装了大量传感器，用于采集物料的库存数量、在制品状态、设备运行情况以及生产进度等数据。在物料供应环节，AI系统能够基于历史生产数据、当前生产计划以及市场需求变化趋势，对各类物料的消耗速度进行精准预测。例如，根据不同车型的生产计划和零部件装配顺序，提前预测每种型号螺栓、螺母、汽车芯片等物料的需求时间和数量。如果判定某种物料可能存在短缺风险，系统会立即向采购部门和仓库管理系统发出预警，并自动生成采购订单和补货指令。在库存管理方面，AI系统可以根据实时的生产进度和物料消耗情况，对库存策略进行优化调整，从而确保存储的物料数量始终处于最优水平。例如，对于一些可能受季节性影响需求变化较大的车型零部件，系统会提前调整库存，避免淡季库存积压和旺季缺货。

综上所述，AI决策技术大幅提升了物料流转辅助决策的准确性与工作效率，对于制造企业意义重大。借助AI决策技术，数字化工厂成功实现了对物料供应链的自动化、智能化管理，打造出一条能够对生产线需求进行智能预测、动态响应的物料供应链条，对于提升供应灵活性、降低仓储物流成本意义重大。企业应在生产中进一步加强AI决策技术的应用探索，提升其服务精细度与响应速度，争取促进生产线与供应链的全对应式自主交互，实现“零库存”。

三、物流交接的扫码校验

在数字化工厂中，物流交接的扫码校验是维持工厂工作顺序、确保各项数字化流程正常运营的关键。通过引入AI决策技术，能够实现物流交接过程的全数字化升级，对现有的物流交接流程进行合并，剔除不必要的交接环节，从而减少交接时间，实现原料与货品的快速分拨入库。

1. 提高交接准确性

通过机器识别技术，AI能够从数字化工厂场景中精准捕捉到标识条码或二维码信息，并对信息进行提取，在自动化货品传送带上完成整个标识识别过程，避免了额外装卸。在机器学习、深度学习算法、实时监控等功能的助力下，AI能够进行整个交接过程的监控与验证，对出现问题的环节进行拦截和介入，保证物流交接全程的合法合规，降低交接过程中的失误率。

2. 简化物流交接流程

使用AI智能识别代替人工进行扫码校验，一方面，实现了长时间伺服，提升了每天的任务完成量；另一方面，解决了传统人工识别过程中出现的识别错误、工作速度慢等问题。

智能识别系统能够代替人工从事高劳动密度、机械性的扫码识别工作，在短时间内快速对条码中包含的物料种类、提供商、最终服务对象等信息进行提取，为数字化工厂标识体系的建立提供技术支撑，简化物流交接流程，实现产品或原料的全程监控与轨迹追踪。

3. 应用案例

某电子设备制造企业，其每天需要处理大量来自全球各地的原材料和成品交付业务，物流交接十分频繁且复杂。由于人工扫码速度有限，因此在物流高峰期，企业常常会因为货物积压在交接区域而影响后续的仓储和生产环节。同时，依靠人工识别条码或二维码时，偶尔会出现识别错误的情况，这不仅增加了后续核对和纠错的工作量，还可能导致原材料错发、成品交付错误等问题。

引入AI决策技术后，该工厂在物流交接区域部署了先进的机器识别设备。由于AI系统能够主动采集和分析历史交接数据，因此可以不断优化识别模型，使其对各种复杂条码和二维码的识别准确率大幅提升。同时，利用实时监控功能，AI系统能够对整个交接过程进行全方位、实时的监控与验证。以往，企业采用人工扫码，在高峰期每小时最多处理500件货物，而目前AI系统每小时能够处理超过2 000件货物。并且，AI系统彻底解决了人工识别过程中常见的识别错误、工作速度慢等问题。它能够在短时间内快速准确地提取条码中包含的物料种类、提供商、最终服务对象等关键信息，为工厂建立起完善的数字化标识体系提供了坚实的技术支撑。

通过上述内容，可以看出AI在物流交接的扫码校验中发挥的独特价值。通过引入AI决策技术，能够实现数字化工厂物流交接的整体升级，使数字化工厂各个环节之间的配合更为紧密，缩短了物流交接周期，降低了物流交接成本，使数据更好地在工厂生产的各个环节中进行流动。企业应在生产中继续通过AI技术对物流交接进行赋能，不断对自动化、智能化的工厂体系进行完善。

四、质量控制的决策执行

质量控制的决策执行是数字化工厂生产的重要保障，通过引入AI决策技术，能够进一步对生产过程进行实时监控，确保生产操作的安全规范，减少操作失误，同时及时识别出瑕疵品和残次品，保证产品的合格率。

1. 实时监测和调整生产过程

通过将AI技术引入质量检测系统，质量控制单元能够及时对传感器采集的数据进行分析处理，实现生产的全流程监控，同时对重点生产环节进行特别监督，提升生产过程监控的精细化程度，保证生产安全与生产规范，对于不合理、不合规操作，AI将及时对问题进行上报，同时介入生产进行纠正。

2. 提高产品质量和生产稳定性

在质量控制过程中，AI可以通过声纹分析、数据模式检测、图像识别等，进行产品的检验和不合格产品的剔除。AI能够对传感器收集的信息进行实时处理与分析，对检测到的异常产品进行拦截并对不合格产品的出现进行深度追因，将最终结果报告给运维人员，及时进行生产过程纠错。

3. 应用案例

某大型家电制造企业的产品线非常丰富，涵盖了冰箱、空调、洗衣机等多种家电产品，每天的产量高达数千台。在引入AI决策技术之前，企业主要依赖人工抽检和传统的质量检测设备来进行质量控制。然而，人工抽检受限于检测人员的精力和技能水平，常常出现检测标准不一致和漏检等问题；而传统检测设备功能相对单一，只能检测特定类型的质量问题，难以对复杂的生产过程进行全面监控。

引入AI决策技术后，该企业在生产线上部署了一套全面的智能化质检系统。在生产过程中，AI质检系统能够实时采集生产设备的运行数据、产品的工艺参数以及生产环境数据等。例如，在冰箱生产线上，传感器会实时监测冰箱外壳冲压机的压力、温度，以及焊接机器人的焊接参数等。对于重点生产环节，如冰箱内胆的注塑成型和压缩机的装配环节，AI系统会进行特别监督，从而提升监控的精细化程度。当发现生产数据出现异常波动，或者检测到操作人员的行为不符合安全规范或生产标准时，AI系统会立即将问题上报给管理人员，并自动发出警报提醒操作人员纠正。比如，当检测到焊接机器人的焊接电流异常时，AI系统会及时通知维修人员进行设备检修，避免因焊接质量问题导致产品出现安全隐患。

在产品质量检测方面，AI质检系统利用图像识别技术对产品进行全方位扫描检测，能够精确识别出产品表面的划痕、磕碰、色差等微小瑕疵。同时，通过对产品尺寸数据的实时测量和分析，系统可以判断产品的尺寸是否符合标准要求。例如，对于洗衣机的外壳，系统能够精确检测出其尺寸偏差是否在允许范围内，以确保产品的装配精度。

此外，AI系统可以运用声纹分析、数据模式检测等技术对产品进行深度检测。例如，当发现一批冰箱制冷效果不佳时，AI系统通过分析生产数据和产品检测结果，发现是某一批次的制冷剂灌注量不足导致的，随即通知生产部门对灌注设备进行校准，并对该批次的产品进行返工处理。

通过上述内容，可以发现AI决策技术在质量控制方面具有的巨大潜力。以AI的智能化管理技术为支撑，数字化工厂能够实时对各条产线上的生产状态进行监控，识别出问题产品并通过追因对生产流程进行纠错，从而实现工厂制造水平与产品质量的提升。企业应积极加快AI技术与质量控制决策系统的融合，通过技术升级带动产品优化，从而建立起自身的比较优势。

五、产能调配的动态决策

产能调配的动态决策决定着现代制造业的灵活程度，AI决策技术的应用能够进一步通过决策实现产能调配对市场需求的适应度，以保证企业永远紧跟市场脚步。

1. 提高产能调配的科学性

AI系统能够在大数据分析和机器学习算法的支撑下，通过对过往数据的学习预测出接下来的市场变化情况，从而相应地做出计划，提高产能调配的科学性。此外，对于一些难点堵点，AI决策能够通过对数据的深刻洞察进行规律总结，找到问题关键所在，提升产能调配的精细化程度。

2. 实现产线的灵活调配

通过引入AI技术，系统能够进行精准的产能预测，并对应各种因素的变化情况及时更新生产布局与产能安排。此外，动态调度功能还能根据实时情况进行资源的自动整合预分配，提升产能利用率。

3. 应用案例

某大型服装制造企业，其旗下拥有数十条服装生产线，而且产品种类繁多，涵盖了各种款式和档次。在引入AI决策技术之前，企业的产能调配往往跟不上市场需求的变化，常常出现旺季缺货、淡季库存积压等问题。为了提升经济效益，企业决定引入AI智能产能调配系统。

AI系统通过分析历年不同季节、不同地区、不同款式服装的销售数据，结合时尚潮流趋势、经济形势变化等因素，能够精准预测未来一段时间内市场对各类服装的需求变化。例如，在夏季来临前，系统发现某款轻薄透气的运动装在欧美市场的需求将大幅增长，于是提前做出产能调配计划，增加该款式服装的生产份额，并安排相关生产线提前准备原材料和生产设备。

对于产能调配过程中的难点和堵点，AI系统也展现出了强大的分析能力。比如，在生产旺季，部分生产线因设备老化、工人熟练度差异等问题导致生产效率低下，成为产能提升的瓶颈。AI系统通过对生产线上各类数据的实时监测和分析，发现主要原因是某几条生产线的设备维护周期不合理，影响了设备的正常运行效率。于是，系统建议企业调整设备维护计划，同时为操作不熟练的工人提供针对性的培训。

在实现产线的灵活调配方面，AI系统同样发挥了关键作用。例如，在某热门电视剧播出后，剧中同款服装的市场需求激增，AI系统在短时间内反应，协调相关生产线快速转产该款服装，迅速满足了市场需求，为企业赢得了丰厚的利润。

通过上述内容，可以看出AI决策技术在产能调配方面的突出优势。在AI技术的赋能下，数字化工厂能够进一步对产能进行灵活调配，以满足柔性生产的要求，加强企业生产与市场需求的贴合度。企业应进一步推动AI技术在产能调配方面的应用走向纵深，以提升产能利用的颗粒度，缩减生产成本，获得更大的利润空间。

第四节　AI 决策赋能工厂采购管理

采购是工厂经营的重要环节，采购质量与生产质量密切相关，因此在数字化工厂的运营中，要对采购管理给予重点关注。运用AI技术辅助采购决策，对采购管理实施优化，涵盖采购需求、采购价格、采购执行等采购的各个部分和环节，如图3-4所示。

图3-4　AI决策赋能工厂采购管理

一、采购需求的辅助决策

首先简单分析AI决策技术在采购需求环节中的应用。运用AI决策技术能够辅助采购需求方面的决策，借助AI分析和预测准确把握采购需求，提升采购决策的智能化水平，制定更加合理的采购方案。

1. AI决策+采购需求识别和分析

AI决策技术在采购需求识别和分析中的应用大致可以归结为以下三点：

- 数据收集与整合：AI技术能够帮助企业收集到大量数据，并对数据进行整合归类，这些数据涉及供应商、市场环境、采购历史等，全面充足的数据是采购活动的重要参考。
- 数据分析与挖掘：AI可进行机器学习和数据挖掘，帮助企业通过智能化的方式实施数据分析，从中得到有价值的信息，对采购需求形成更加全面深入的认知。
- 需求预测与优化：在AI技术的支持下，结合数据和算法模型预测采购需求的变化趋势，根据预测结果制订相应的采购计划。

2. 识别采购需求，优化采购计划

在采购需求的辅助决策中，通过数据分析和预测算法，能够智能化识别未来采购需求，优化采购计划：

- 实时需求识别：市场环境和客户需求随时都会发生变动，AI技术可凭借实时数据分析掌握这种变动，为企业采购活动提供相应的指导。
- 需求优化与精准采购：AI能够为企业提供有关需求的全面细致的信息，增进企业对需求的了解，从现实情况出发作出合理精准的采购决策，避免因决策不当而造成损失。
- 成本控制与效率提升：借助AI技术提供的采购需求方面的辅助决策，企业能够达到节省采购成本的效果，同时形成更加高效完善的供应链。

3. 应用案例

某大型电子制造企业，其产品线覆盖手机、平板电脑、智能穿戴设备等，由于生产规模庞大且原材料需求复杂，过去依赖人工经验和简单表格进行采购，常常面临采购过量或不足的问题，直接影响企业的正常运营。为了解决这一难题，企业在数字化工厂中引入了AI决策技术。

首先，AI系统构建了一个全面的数据收集网络，整合了企业内部的生产计划、库存、销售数据，以及外部的供应商信息、市场价格波动和行业趋势等多维度数据。系统挖掘出原材料采购量与产品产量、工艺改进、市场需求变化之间具有深层次联系。例如，某款手机升级后，对新型芯片的需求增长与特定地区的销售数据密切相关。结合算法模型，系统还能够提前预测采购需求的变化。比如，在电子消费旺季到来之前，系统预测到某类电容的需求将大幅上升且供应可能紧张，便建议企业提前增加采购量，并与供应商协商更有利的合同条款，以确保供应链具有比较高的稳定性。

在实际采购过程中，系统的实时需求识别功能发挥了重要作用。例如，当某地区智能穿戴设备出现抢购热潮时，系统根据实时销售数据迅速调整相关原材料的采购预测，并提醒采购部门加快采购进度。通过AI辅助采购需求管理，企业在成本控制和供应链效率方面取得了显著成效，不仅采购成本大幅降低，避免了因采购过量或不足带来的损失，生产效率也得到了显著提升，供应链的运作更加顺畅。

二、采购价格的辅助管理

采购价格是采购过程中需重点考虑的因素，AI决策技术可用于采购价格的辅助管理，帮助企业有效地实现成本控制，提升盈利能力。下面将对AI决策技术在采购价格管理方面的辅助作用进行具体介绍。

1. AI决策+采购价格辅助管理

AI决策在采购价格的辅助管理中的应用大致可以归纳为以下三点：

- 实时价格监控：在AI技术的帮助下，企业可以进行实时的价格监控，第一时间了解原材料等各采购对象的价格变动，对采购计划实施相应的调整，防止自身利益受到影响。
- 成本分析与优化：在大数据和算法的支持下，AI具备较强的分析能力，企业可借助AI技术对各个采购项目实施评估分析，改进成本较高的项目，节省整体的采购成本。
- 利润最大化：AI技术可以通过模型和算法分析为企业提供有效的成本控制方案，使企业得以在保障产品质量的同时降低采购成本，实现利润率的提升。

2. 供应商评估和价格谈判

AI系统能够帮助企业选择最优供应商和谈判价格：

- 供应商评估：运用AI技术收集供应商的相关数据信息，从货物质量、性价比、交货速度等多项指标出发，得出各家供应商的评估结果，作出最为合理的选择。
- 价格谈判支持：通过分析市场环境和影响价格的各项因素，AI技术可以为企业的价格谈判提供指导，帮助企业争取到对自己更有利的采购价格。

3. 应用案例

某大型汽车零部件制造企业，其每年的采购金额高达数亿元，涉及采购品类繁多。过去，企业主要依赖人工收集价格信息，采购价格管理的效率低、成本高，难以应对市场价格的快速波动。为了解决这一问题，企业引入了AI决策技术，搭建了一套智能化的采购价格管理系统。

在实时价格监控方面，系统能够与多个数据平台对接，实时获取采购对象的价格信息。例如，对于特种钢材，系统每5分钟更新一次价格数据。如果系统监测到钢材价格即将大幅上涨，采购部门可以迅速采取行动，增加采购量。在成本分析与优化方面，系统能够深入挖掘企业的采购数据，分析各采购项目的成本构成。比如，通过分析，系统发现某橡胶制品的采购成本较高，主要是由供应商的运输问题导致的。于是，企业选择了新的供应商并优化了运输方案，最终使该橡胶制品的采购成本降低了15%。

在供应商评估和价格谈判方面，系统的表现同样出色。通过收集供应商的多项指标数据，系统能够帮助企业选择最优的合作伙伴。例如，在选择汽车轮胎供应商时，系统根据评估结果推荐了一家性价比高的新供应商，并在价格谈判前制定出了最优的谈判策略。

通过引入AI技术优化采购价格管理，企业的采购成本降低了12%，利润空间显著扩大，市场竞争力也得到了增强。这一成功经验充分展示了AI决策技术在采购价格管理中的巨大价值。

三、采购分发的辅助决策

AI技术可以对企业在采购分发方面的决策起到辅助作用，帮助企业形成更加完善的采购分发流程，实现高效准确的采购分发。下面将对AI决策技术在采购分发方面的辅助作用进行具体介绍。

1. 优化采购分发流程

使用AI决策技术能够优化采购分发流程，自动匹配需求和供应商：

- 供需匹配：AI技术可基于采购需求确定适配度最高的供应商，通过精确的供需匹配，确保需求得到满足。
- 自动分发：在AI技术的支持下，企业的采购分发将采用自动化的方式来进行，对需求做到迅速响应，自动确定供应商并完成所需货物的下订。
- 实时调整：企业可借助AI技术实时掌握当前的市场环境和采购需求，对采购分发策略进行相应的调整，确保策略的适用性和时效性。

2. 提高采购分发效率和准确性

通过AI系统的智能分析和推荐，能够提高采购分发效率和准确性。

- 数据分析支持：通过AI技术实现智能化的数据分析，使采购数据得到更加充分的利用，基于数据确定后续采购分发决策的优化方向。

- 智能推荐：AI技术可运用智能化手段为企业推荐合适的供应商和采购方案，提升企业在采购分发方面的决策水平。
- 风险预警：AI技术具备较强的分析和预测能力，可以检测出采购分发环节潜在的风险和威胁，提醒企业尽早采取措施，保障采购分发的正常进行。

3. 应用案例

某大型机械制造企业，其产品种类繁多，涵盖了重型机械、工业设备等多个领域。由于原材料和零部件采购需求极为复杂，企业在采购分发环节面临着巨大挑战。为了改变这一局面，企业引入AI决策技术，以助力数字化工厂的采购分发决策。

AI系统可以构建一个庞大的供应商信息数据库，广泛收集全球范围内相关供应商的详细信息。而且，这些数据可以与企业内部的生产管理系统、库存管理系统以及采购需求分析系统实现实时共享与交互。当企业有新的采购需求时，AI系统能够迅速响应。例如，在生产某新型重型机械时，需要一批高精度的齿轮零部件。系统根据生产计划对齿轮的规格、数量、质量要求等信息进行分析，结合库存中现有齿轮的数量和状态，确定了详细的采购需求。随后，经过多轮筛选和排序，选择出一家在齿轮制造领域经验丰富、产品质量可靠且价格合理的供应商，实现了高效精准的供需匹配。

在采购分发的执行过程中，一旦确定了供应商，系统会自动生成采购订单，并按照预设流程将订单发送给选定的供应商。同时，系统还会实时跟踪订单状态，并及时反馈给企业的采购部门和生产部门。此外，系统的数据分析和智能匹配功能，可以显著提升企业在采购分发方面的决策质量。除以上功能外，AI系统还具备强大的风险预警功能。在采购分发过程中，它会实时监测各种潜在风险。例如，当某地区因出现自然灾害可能影响当地供应商的生产和运输时，系统会迅速发出预警，并提供应对建议，如提前储备一定量的物资、寻找临时替代供应商或调整生产计划等。

通过引入AI决策技术，该机械制造企业在采购分发环节取得了显著成效。采购分发效率提高了50%以上，因采购物资与生产需求不匹配导致的生产延误次数减少了80%，采购成本降低了12%。企业的生产进度更加稳定，产品质量也得到了有效保障。

四、采购执行的辅助跟催

AI决策技术可以为数字化工厂的采购执行提供支持，辅助企业进行跟单和催单，对交付和库存实施监控。

1. AI决策+采购执行的跟催

在采购执行阶段，AI决策技术能够提供智能跟单和催单功能，以及数据分析支持。

- 自动跟单：在采购执行过程中，可借助AI技术自动跟踪订单，如果发现订单存在异常状况，则立即指派工作人员查看并解决问题，确保货物的正常交付，以免造成损失。
- 智能催单：AI技术可根据实时订单进度进行智能化催单操作，当检测到有进度滞后的情况时，提醒供应商适当地加快交付速度，避免出现逾期交付的情况。
- 数据分析支持：AI技术可通过分析历史数据，了解供应商在交付速度、可靠性等方面的过往表现，企业可据此制定采购执行策略。

2. 应用案例

某大型电子设备制造企业，其旗下数字化工厂生产多种电子产品，对原材料和零部件的采购执行要求极高。由于供应链的高效稳定直接关系到企业的市场表现和经济效益，因此企业构建了一套智能采购执行管理系统。

在自动跟单方面，AI系统能够与供应商系统对接，并利用物联网技术实时监控货物运输，实现了对采购订单的全方位跟踪。例如，在采购一批手机芯片时，系统发现某订单货物运输时间异常，立即发出警报并通知采购专员。专员则迅速联系物流公司，发现是因交通事故导致延误，随即调整运输路线，确保了货物及时送达。

在智能催单方面，AI系统能够根据订单进度、历史数据和供应商能力，综合判断是否需要催单。当订单进度滞后时，系统会自动向供应商发送催单提醒。此外，AI系统可以通过分析历史数据，为企业提供决策支持。例如，系统发现供应商A交付时间波动较大，而供应商B交付稳定但偶有质量问题。基于此，企业在制定采购策略时，对交付时间要求严格的订单，优先选择供应商B，并加强质量检验；对质量要求极高的订单，则选择供应商A，并提前协调交付时间。

通过应用AI技术，企业在采购执行管理上取得了显著成效：订单交付准时率从70%提升至90%以上，库存周转率提高了35%，因交付延迟导致的生产中断次数减少了80%。

五、采购到货的辅助管理

AI决策技术可作为数字化工厂采购到货管理的有效辅助工具，其作用主要体现在信息处理、状态和质量监控等方面。下面将对AI决策技术在采购到货管理方面的辅助作用进行具体介绍。

1. AI决策+采购到货管理

AI决策在采购到货管理环节的辅助作用可以归纳为以下两点：

- 实时监控：AI技术可对物资运输进行实时监控，及时排除运输过程中出现的问题，确保所订购的物资能够按照预期进度达到生产地点。
- 自动反馈：AI技术可在货物送到后，自动反馈到货信息，使相关负责人得以立即开展下一步的工作，保持生产流程的高效运转。

2. 监控到货状态，进行异常预警

AI技术可以对到货状态等进行智能监控。

- 质量检测支持：AI技术能够从图像、声音等多个维度，进行物资的检测，帮助企业确认物资质量是否达标，针对物资的质量问题和缺陷向企业发出提醒。
- 异常预警：AI技术可用于监测到货状态，确认存在异常后立即发送预警信息，提醒企业尽快作出应对，将问题产生的影响降到最低，避免造成严重的后果和损失。

3. 应用案例

某大型家电制造企业，其在全球拥有多个生产基地和庞大的供应链，每年需采购大量原材料和零部件，涵盖电子元件、金属材料、塑料配件等。由于采购到货管理的高效性和准确性对生产运营至关重要，因此企业构建了智能采购到货管理系统。

系统能够与物流供应商系统集成，利用物联网设备对运输车辆和货物进行全方位跟踪。例如，在采购一批核心电子元件时，AI系统通过北斗、温度传感器等，实时监控车辆位置、货物环境等信息。如果路线偏离或货物环境参数异常，会立即发出警报并分析原因。系统也能够与仓库管理系统对接，自动识别到货信息并实时更新到生产管理系统。例如，一批塑料配件到货时，RFID设备读取货物信息，AI系统便自动更新相关数据，并实时通知生产计划、质量检验和库存管理部门。

在质量检测支持环节，AI系统能够利用图像识别、声音识别等技术，对到货物资进行初步检测。例如，通过图像识别，检测金属外壳的外观缺陷；或通过声音识别，判断电子元件的内部故障。在一次电机检测中，AI系统发现了异常噪声，并通过分析判断为轴承磨损，及时避免了不合格产品进入生产线。

通过应用AI技术，企业在采购到货管理方面取得了显著成效：货物按时到货率从80%提升至95%以上，因质量问题导致的生产中断减少了70%，库存周转率提高了25%，不仅生产计划能够执行得更顺畅，产品质量也得到了保障。

六、采购周期的辅助管理

对于数字化工厂的采购周期管理，AI决策技术的作用主要体现在供应链流程和采购周期的优化上。下面将对AI决策技术在采购周期管理方面的辅助作用进行具体介绍。

1. AI决策+采购周期管理

AI决策在采购周期管理环节的辅助功能可以归纳为以下三点：

- 需求预测：AI技术可通过收集和分析市场环境、客户动态等方面的数据，给出关于需求的预测，向企业展示需求的变化趋势，使企业得以据此确定采购周期。
- 供应链协同：在AI技术的支持下，企业能够实现供应链流程的优化，实施更加有效的物流管理和仓储管理，提升采购和交付效率，使库存始终保持在健康状态。

- 自动化决策：企业根据当前状况和自身需求制定采购周期相关的规则和目标，由AI技术据此作出自动化决策，提升决策质量，为行动提供正确的指导。

2. 优化采购周期，提升采购质量

发挥AI系统的数据预测和分析功能，调整和优化采购周期。

- 数据挖掘：企业可运用AI技术挖掘采购数据，基于对大量数据的分析确定采购周期的调整和优化方向，针对采购周期作出合理的决策，提升整体的采购质量。
- 实时监控：企业可借助AI技术对供应链进行全程监控，掌握供应链的实时状况，及时发现供应链的潜在风险，对采购周期实施针对性的调整，确保供应链的安全稳定。

3. 应用案例

作为行业内的领军企业，某大型汽车制造企业不仅生产规模庞大，供应链也较为复杂。过去，企业的采购决策常滞后于市场变化，导致库存积压严重，极大增加了运营成本。为解决这一问题，企业构建了智能采购周期管理系统。

在需求预测方面，AI系统能够通过分析市场调研、社交媒体、宏观经济、竞争对手动态及内部销售数据，进行市场需求变化预测。例如，系统发现消费者对电动汽车续航和智能驾驶功能的关注度不断上升，预测相关零部件需求将增长，便指导企业据此提前调整采购周期，确保生产满足市场需求。在供应链协同方面，AI系统能够优化物流配送路线和仓储布局。例如，系统判断某关键零部件以往的运输路线不合理，便规划了更高效的路线，使库存周转率提高30%。在数据挖掘和优化方面，

AI系统能够通过综合分析供应商交货时间、质量、价格等数据，提供优化建议。

通过在采购周期管理中应用AI技术，企业的采购周期缩短了20%，库存成本降低了18%，交付效率提高了25%，整体的生产计划更加顺畅，尽可能保证了产品的及时交付。

第四章

智慧农业

第一节　基于大数据的农业智能决策

一、农业智能决策系统的发展历程

如今，大数据、云计算等信息技术发展迅速，同时技术与农业的融合也在持续推进，在此过程中产生了大量的农业数据。农业数据资源涵盖了与农业的各项活动及各个环节有关的信息和知识，包括耕地、播种、施肥、杀虫、收割等农业生产的相关环节，以及农产品的储存、运输、加工、销售等。

这些数据拥有复杂的结构和多样化的模态，并且实时性和关联性比较强。因此，用户仅凭搜索引擎很难从海量的农业数据中迅速找到自己想要的资料。针对这一问题，需运用AI开展农业大数据分析，实现智能决策。

农业大数据智能决策与分析对于农业意义重大，有助于提升农业各个环节的决策能力，推动农业的信息化、智能化发展，更好地保障粮食安全。借助农业大数据智能决策与知识服务系统，用户可以获取到自己需要的农业知识和资源。另外，系统还提供知识图谱，根据最新的研究进展更新图谱内容，并且支持用户对图谱进行编辑。

农业涉及各种环境、动植物、农业用品及设施、生产活动等，因此农业数据数量巨大、种类繁多且时刻都在更新。为了更有效地利用农业数据，需构建一个农业知识智能服务系统，对农业数据和知识进行整理和归纳，挑选出有价值的内容，提升农业领域决策的智能化水平。

农业大数据的来源非常多样，同时又拥有多种类型和结构，这使得农业知识的处理和表达具备异构性。随着时间的推移，农业数据处理方式正在发生转变，过去多采用数据挖掘、统计分析，如今数字化技术在数据处理中的作用日益凸显，模型的使用越来越普遍，借助模型可以分析动植物的生长过程，针对危险和灾害发出预警。

计算机决策支持系统于20世纪70年代提出，并于同期开始了在农业领域的应用。1978年，美国伊利诺伊大学开发出了大豆病害诊断专家系统 PLANT/DS，标志着农业专家系统在植物保护领域的应用取得了开创性进展。在农作物生长模型方面，德国联邦农业教育研究所开发出了Genis模型，在此模型的作用下，农民得以根据农田条件选择合适的小麦品种进行种植。20世纪90年代，美国北卡罗来纳大学研发出杂草管理决策支持系统 HERB，这是该时期较有代表性的成果，在美国的农业生产中得到了较大范围的应用。而后，专家系统的农业应用受到了更为广泛的关注，研究和开发力度持续增强，发展步伐显著加快。

21世纪后，信息技术飞速发展，农业专家系统和决策支持系统的研究继续涌现出数量可观的新成果。除了已经提到的成果之外，较为知名的农业专家系统还包括小麦综合管理系统WCMSB、灌溉管理系统HYDRA、禾谷类作物管理系统DSSAT等。

在决策支持系统方面，墨西哥的TreeDSS在保护湿地资源方面发挥了重要作用。印度与加拿大两国开展合作，将 AEGIS/Win用于专家系统，改进农业生产模式，针对干旱地区的现实条件作出更加科学合理的决策。

我国农业智能决策系统的初次应用是在20世纪80年代中期，彼时的应用范围相对有限，仅限于特定的区域。90年代，我国农业智能决策系统的研发和应用取得了显著的进展，应用对象包括小麦、水稻等粮食作物，花卉、果树等园艺作物，以及烟草等经济作物，决策支持系统的主要功能有农作物栽培、病虫害诊断、生态环境模拟、生产过程管理等。运用预测模型，参考影响粮食生产的主要因素以及过往的产量数据，可以给出关于粮食产量的较为准确的预测，为决策提供重要参考。

经过长期的发展，我国出现了一些较有代表性的农业决策系统，比如江苏省农业科学院开发的水稻栽培模拟优化决策系统（RCSODS）和小麦栽培模拟优化决策系统（WCSODS），江西农业大学开发的水稻生长日历模拟模型（RICAM）以及该模型的调控决策系统（RICOS）。

针对水稻生产，华南农业大学开发出了水稻高产栽培计算机仿真模型，用于解决水稻的灌溉和病虫害问题。信息技术的持续进步激发了我国农业信息化发展的需求，在这样的背景下，智能决策在农业领域的应用越来越广泛，涵盖农作物的生产、储运、销售等各个环节，充分高效地利用农业大数据，全面提升农业决策水平。

农业知识图谱是知识的集合，包含以各种形式呈现的海量知识，同时农业实践的推进又不断产生新的农业知识和数据，需要农业知识图谱进行相应的更新。知识图谱的巨量内容和频繁的更新需求，大大增加了其使用和维护的难度，仅靠人力很难在短时间内找到需要的数据，也很难及时完成全部的内容更新，因此借助大数据进行数据挖掘和知识更新是很有必要的。此外，知识图谱支持可视化编辑，可借助人力来优化建模，在一定程度上起到节省计算成本的效果。

二、农业智能决策系统的应用场景

农业生产决策系统可应用于小麦、玉米、水稻等多种主要粮食作物，为农作物种植选定种子和化肥，监测农作物生长情况，分析评估农作物产量，总结农作物生长规律，根据区域条件和农作物品种确立标准化的生产规程。汇集农业知识构建知识库，进行数据的实时采集，通过两者的结合建立模型，为实时决策提供指导。运用群体智能收集多方面的农业信息，包括气候、土壤、作物等，基于充分的信息确立合理的种植方案。

下面将具体介绍农业智能决策系统在各农业场景中的应用。

1. 作物育种

一些全球知名的农业公司将大数据引入作物育种，广泛收集优质的种质资源以形成资源库，借助智能化技术提升育种质量。我国也尝试将大数据应用于育种，比如北京市农林科学院开发了金种子育种云平台，可用于小麦、水稻、蔬菜等多种作物，平台功能包括种质资源管理、性状采集、品种选育、数据分析、全流程追溯等。

2. 农业灾害识别

借助大数据整合并分析与气候有关的数据，包括气温、降水、风力、湿度等，以及水质、土壤等环境数据，基于数据建立预测模型以识别农业灾害，针对气象灾害和病虫害提前采取防范措施，将农业生产受到的损失降到最低。我国在灾害预测模型的开发上取得了一定成果，比如中国农业科学院农业资源与农业区划研究所开发了一种气候预测模型，可用来监测气候条件的变化，降低自然灾害造成的影响。

3. 作物生长模型

世界范围内较有代表性的作物生长模型有联合国粮农组织（FAO）开发的QUACROP，世界粮食研究中心（CWFS）与荷兰瓦赫宁恩大学联合开发的WOSOFT系列，以及澳大利亚农业生产系统研究组开发的APSIM 系列等。我国借鉴国外模型的先进经验，开发出了自己的作物生长模型，用于模拟作物的生长过程，对作物栽培实施改进，模型的应用对象包括小麦、水稻、棉花等常见的农作物。在大数据的作用下，农作物生长模型的模拟和预测将更加精准，适用范围将得到扩展。

4. 农业生产指导

运用大数据分析与农作物生长情况和生长环境有关的数据，在用药、用肥、水肥调控等方面指导生产者决策，提高农业生产的效率和质量。目前，国内外出现了一些农业生产指导工具，比如美国的农业大数据公司FarmLogs推出了智能预测服务，能够为农业生产者制订更加合理的农作物轮作计划。国内方面，国家农业信息化工程技术研究中心开发了绿云格平台，该平台将农作物信息、专业知识及模型结合在一起，为农业生产决策提供指导。

5. 农产品市场行情分析与预警

目前，国内外已有多种用于分析和预警农产品发展趋势及市场行情的模型，这些模型运用了大数据的技术手段，通过前瞻性的分析为农业决策提供指导。这类模型有经济合作与发展组织和联合国粮农组织联合开发的AGLINK-COSIMO 模型，美国农业部开发的多国商品联结模型（Baseline模型），美国密苏里大学粮食与农业政策研究所开发的FAPRI模型。国内方面，以中国农业科学院农业信息研究所开发的中国农产品监测预警系统CAMES模型为代表。

智能决策的农业应用领域及相应的方法和数据来源见表4-1，借助机器学习、机器视觉、图像识别、云平台等多项技术，结合地面传感器、遥感、网络、历史数据集等提供的数据，可实现包括种植业生产、畜禽养殖、农田土壤分析、气候变化分析、农业灾害等多个农业领域的智能决策。

表 4-1 不同农业应用中的智能决策

应用分类	方 法	数据来源
种植业生产	机器学习（可伸缩向量机、K 均值聚类）、小波滤波、傅里叶变换、NDVI 植被指数	地面传感器（代谢物）、遥感影像、历史数据集（土地利用、产量统计）
畜禽养殖	机器学习（决策树、神经网络、可缩放向量机）	畜禽生理信息（生理学特征）、地面传感器（采食量）、生理监测传感器（活动量、体重、体温、奶牛产奶量、声音）、图像采集（多光谱、光学）
农田土壤分析	机器学习（K 均值聚类、最远优先聚类算法）	地面传感器（盐度、电导率、湿度）、光学照相机、历史数据库（农业土壤）
气象与气候变化分析	机器学习（可伸缩向量机）、统计分析、建模、云平台、MapReduce，地理信息系统的空间分析	气象站监测数据、实地调查数据、静态历史信息（天气和气候数据、地球观测数据）、卫星遥感数据、地理空间数据
农业生产指导	统计分析、建模、仿真、云平台、Web 服务、移动应用、大数据存储、面向消息的中间件	静态历史信息和数据集（如美国政府调查数据）、遥感（卫星、无人机）、气象站、网络数据、地理空间数据、社会传媒
农业灾害、农业保险	统计分析、图像分类与识别、NDVI 植被指数、地理空间分析、决策支持系统、大数据存储、MapReduce 分析、移动应用、计算机视觉、AI、云平台、Web 服务、移动应用	网络数据、历史信息、气象站、作物生理生态信息、遥感(卫星、飞机、无人机)、历史数据集（MODIS 地表反射率数据集，气象数据、地形数据、植被分布等）、产量、交易数据
农产品质量安全追溯	决策树、logistic 回归、神经网络、多维分析、数据染色	标签条码、生长环境数据、农事操作记录、农药检测数据、库存数据、物流信息
农产品市场行情分析与预测	数理统计、计量经济、模糊数学、神经网络、复杂网络、时空数据挖掘	市场行情数据、价格影响因素数据、市场交易数据、互联网数据、社会传媒

三、农业智能决策的未来发展趋势

尽管已经经历了一段时间的发展，但农业智能决策与服务系统仍未步入成熟阶段。农业分为多个领域，其生产需要多个主体的参与，生产过程包含多个环节，同时农业的需求也无时无刻不在变动。由农业的特点所决定，农业大数据处理技术需要具备跨领域、多结构的综合特性。在这一点上，当前的研究还有待继续推进。

在此后的技术研发中，应着力将AI、机器学习等应用于智能农业大数据分析处理，形成智能分析模型和方法，总结出农业生产的普遍规律和相对固定的模式，提升农业生产的精准性和科学性，提高对各种形式、维度、模型的农业大数据的处理和计算效率，构建完善的理论模型，形成有效的方法，建立农业智能决策和知识智能服务框架，将数据、知识、服务串联成完整的体系，最大限度挖掘农业数据的价值，如图4-1所示。

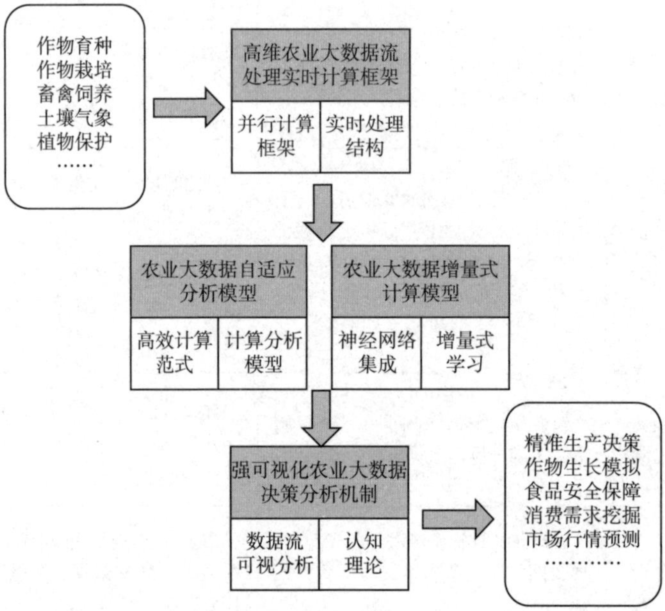

图4-1　基于大数据的农业智能决策分析框架

未来，农业智能决策系统将朝着六个方向发展，如图4-2所示。

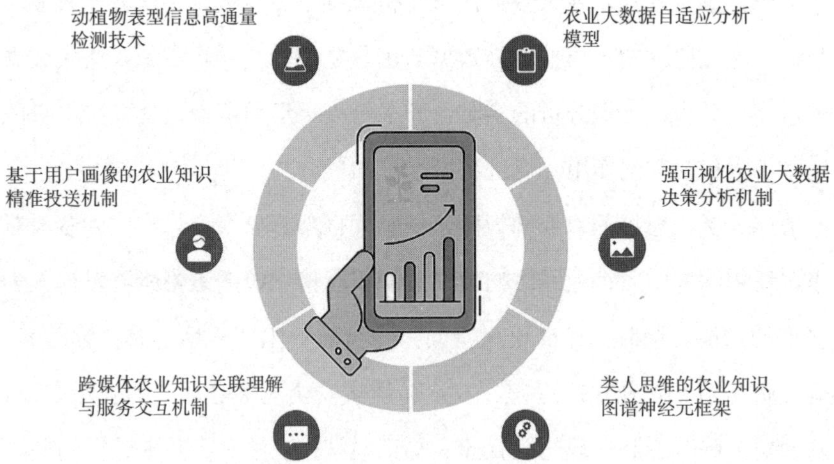

图4-2　农业智能决策的未来发展趋势

（1）动植物表型信息高通量检测技术。多表型信息的获取对于动植物功能特征分析而言非常关键，有助于提升分析的全面性和准确性，实现这一点需同时进行多表型参数的测量。表型组学的验证要用到大量的样本，无损表型测量的持续时间较长，在测量的时间段内，动植物自身会生长，造成表型形状的变动，对测量结果产生一定的影响。因此，要想得到更加准确的测量数据，需要大幅缩短测量时间，这是高通量测量所要完成的任务。

（2）农业大数据自适应分析模型。针对区域、作物类型、作物生长条件、生产过程管理等领域建立语义链，集合多模态的信息资源，建立内容丰富的资源池，以对农业生产经营起到更好的指导作用。运用凸模型处理农业大数据，有效解决深度学习中的自适应难点，建立自适应分析模型，实现对农业大数据的深刻洞察，找出大数据中蕴含的范式和关联，在此基础上总结农业生产的一般规律，把握农产品市场的趋势，为农业生产环境管理、农业灾害预测及防范、农产品质量安全保障等提供智能化解决方案。

（3）强可视化农业大数据决策分析机制。用可视化手段展现农业大数据，通过建立相关模型加强数据与用户之间的交互。实施农业大数据的可视化分析，强调分析的实时性和多维度，运用可视化交互突出智能决策中人机的共同作用，促进决策水平的提升。

（4）类人思维的农业知识图谱神经元框架。以人类思维作为参考对象，运用深度学习神经网络构建农业知识图谱，该图谱将能够发挥人类思维的功能。同时，建立语义空间，整合农业生产环境、农作物营养、病虫害防治、农业生产过程、农产品质量安全追溯等环节的农业知识。基于对人脑构造和机理的研究建立知识模型，在注重大数据分析的同时提升知识迁移能力，通过学习推理有效地处理小样本。

（5）跨媒体农业知识关联理解与服务交互机制。运用文本、音频、视频等多种媒介，表达农业知识，发现多模态数据之间的相关性，使不同媒体形式的农业知识彼此交融相互理解，在融合过程中完成知识的更新，同时构建跨媒体形式的服务交互机制，通过提供多维度服务来提升知识服务质量。

（6）基于用户画像的农业知识精准投送机制。收集分析用户在互联网中留下的行为数据，以此为参考描绘出用户画像，并根据最新数据对画像进行更新。运用对抗网络整合方法，依照用户画像实现农业知识的精确投送，建立主动反馈和推荐机制，向用户提供符合其需求的农业知识，帮助农业生产者更加高效和精准地解决细分领域的农业问题。

以上发展方向涉及农业信息的感知、整合、决策、服务等问题，在这些领域实现技术突破将在很大程度上提升农业的信息化和智能化水平。收集并整合有关农业生产环境和动植物的感知数据，掌握全面的农业信息，进而运用信息化手段，从水资源、农药、化肥、劳动等多个方面入手节省农业生产的成本。基于人工智能建立农业产业应用体系，更好地适应现代农业生产的需要，提升农业资源利用效率，形成高产、高质、环保的农业生产模式。

四、我国农业大数据体系的建设路径

最初的农业大数据大多是通过卫星遥测获得的，因为国外的卫星遥测数据是标准化的，而且具有开放性，因此国内农业大数据的创建也是以卫星遥测数据与各地的气象数据为基础的。但因为国内的农业还没有实现高度产业化，农业保险等产业服务模式还不成熟，因此以卫星遥感数据为基础形成的农业大数据始终无法真正落地。

其实，国外农业大数据的来源非常丰富，除了卫星遥测获得的数据之外，还有专业化、产业化的农场提供的数据。一般来说，卫星遥测获得的数据精度大约为5米，无人机采集到的数据精度大约为1米，小型植保无人机采集到的数据精度为3～10厘米。数据来源不仅多，而且相对比较精准。

在实际应用方面，国外的农业大数据都会以谷歌地图或谷歌地球为基础，对卫星数据、气象数据进行计算处理、深入挖掘，并将处理结果用于农作物产量监测预测、种植面积规划和分析、农产品保险精算定价等。在国内，有些企业开发的农业大数据主要以种植数据、农产品现货交易数据为基础，数据处理结果主要用于产量分析、价格分析等。

在数据采集方面，农业大数据采集不仅可以使用卫星，还可以使用无人机、无人植保机、农业机器人、农业机械上配置的新型数据采集与监测设备、各种类型的摄像头与传感器、部署在农田里的滴灌设备等，见表4-2。总而言之，农业大数据采集可以使用的工具非常多，只不过在数据采集完成后要对数据进行统一处理，统一数据格式，筛选出有价值的数据。

表 4-2 基于采集维度的农业大数据类型

类 型	内 容
卫星数据与气象数据	通过卫星遥感测绘，可以获取卫星数据与气象数据。对各个农业产区过去十几年的卫星数据与气象数据进行分析，可以对农作物产量、病虫害等作出相对精准的预测
土地数据	除了通过卫星遥测获取的土地数据之外，还可以综合各地区的土肥站数据、测土配肥和水肥的推广数据、土地平整和滴灌设备采集到的数据、农业生产或植保过程中无人机采集到的数据等，形成相对完整的土地数据
种植数据和植保数据	种植数据主要包括种植的农作物品种、生产工序、施肥施药数据、采收数据等，可以通过田间管理服务、托管服务等进行采集。植保数据主要包括农技数据、农化数据和农机数据等。无人机在喷洒农药、施肥、植保、病虫害检测等过程中，可以采集农作物数据、植保数据等，这些数据可以用于病虫害预防与农作物产量预测
农产品数据	利用摄像头对农作物生长过程进行监测，农产品采收后要进行分拣检测，物流运输过程中要进行跟踪监测，这些过程中会产生大量数据，这些数据就构成了农产品数据的主要来源
电子商务数据	电子商务数据主要包括农产品在电商平台上的交易数据、线上渠道的销售数据等
社交数据	社交数据指的是社交媒体上与农产品相关的数据，消费者对农产品的消费数据，农户、农机手与飞手的众包数据等，这些数据具有分散化、碎片化的特点

从产业化层面看，农业大数据的创建要抓住两个关键数据，一是资产数据，二是交易数据。其中，资产数据主要包括土地和农产品数据；交易数据主要包括与农产品交易有关的商流、物流、信息流等。只有掌握这些关键数据，才能让农业大数据的价值落地实现。

在智慧农业运营过程中，可以基于对气象数据、土地数据、病虫害监测数据等农业大数据的分析，指导农产品种植与管理，对农产品的生产趋势与产量进行预测；可以结合自动化的农业机械、基于物联网的智慧农业等进行辅助决策，通过大数据分析与预测可以对农产品进行创新，对农产品市场进行深度开发；可以将农产品的品控数据、种植生产数据与零售数据进行融合分析，对农业领域的各种价值链进行整合，构建完整的农业产业链，利用丰富的农业大数据支持农产品品牌打造。由此可见，农业大数据的价值变现场景非常多，但有一个重要前提就是要结合农业大数据的实际应用场景对农业大数据进行采集、分析，提升农业大数据的应用价值。

第二节 国外农业大数据的建设与实践

当今社会，数据已经渗透到各行各业，成为重要的生产要素。人们每一次对数据的挖掘与应用，都会使生产率得到新一轮增长。为了享受数据带来的发展红利，各行各业都在努力与大数据相结合，农业也不例外。农业大数据蕴藏着巨大的商业价值，可以提高农业生产率，保障粮食安全，提升农产品的质量与价格，给农民带来更多收益等。

在国外，美国、英国、德国、法国等国家早就开始使用农业大数据，下面对这些国家应用农业大数据的实践进行具体分析，为我国农业大数据的使用提供借鉴。

一、美国：利用大数据打造精准农业

首先简单介绍美国农业大数据的实践应用。在大数据、互联网等技术的支持下，美国用1%的农业从业者支撑起了整个农业生产体系，不仅满足了本国居民对农产品的需求，而且还大量出口。

以美国伊利诺伊州的某农场为例，对美国的大数据农业进行探究。该农场是由父子二人经营的一个面积约1 300英亩的农场，在几台自动化农机设备的帮助下，父子二人几乎不需要雇佣他人。这些自动化农机设备配备了全球卫星导航系统和自动驾驶系统，机器会自动设定工作

路线，完成施肥、喷洒农药等操作。在机器劳作的过程中，农场主可以通过特定的手机App获得下地查看提醒，决定这块区域是施肥还是喷洒农药。同时，还可以通过App获得当前的天气情况以及未来几天的天气预报。

借助大数据、互联网等技术，美国的农业生产模式开始向信息化转变，精准农业让农业生产活动变得更简单、更容易。

在该农场，每4英亩就会设1个取样点，用于提取土壤进行分析测试。土壤分析报告不仅会列出每块土地的土壤成分，还会列出农作物种植所需的肥料、水分以及产量预测。根据土壤分析报告，农场主可以精准安排种植计划。

随着种植活动不断开展，土壤的成分会不断变化。因此，每隔三年就要重新进行一次土壤分析，费用大约为5 000美元。虽然费用高昂，但基于土壤分析的精准种植可以带来更高的收益。

在大数据的支持下，农民可以利用手机、平板电脑等移动设备管理农场，实时掌握土壤湿度、土壤肥力、环境温度、农作物生长情况等，实现精准种植、精准管理，这一点在大田种植方面最为典型。

在大田种植模式下，两块距离很近的土地，土壤的水分含量、营养状况、农作物生产情况可能存在较大差异。在传统的生产模式下，农民无从了解这种差异，也不会在乎这种差异，会在同一块土地上以相同的间距种植同一类农作物。精准农业的出现颠覆了这种生产模式，操作人员可以根据土壤肥力的高低控制种植间距，在肥力高的地区密植，在肥力低的地区稀植，还可以在不同肥力的地区种植不同的农作物。这些都可以让播种机在播种过程中自动完成。

精准农业的实现与自动化、智能化的农业机械密不可分。农业机械只有安装卫星导航系统、自动驾驶系统、计算机设备、传感器，才能理解大数据分析结果，并准确地执行各种决策。另外，智能化的农机设备可以提高农作物质量。在播种过程中，农民可以实时查看播种的准确率，如果发现大面积播种异常，可以立即停止播种，重新调整机器。过去，播种机出现问题，农民很难立即发现，只能被动地接受损失。实现了智能化升级之后，播种机可以根据土壤的松软程度自动调节播种动作，保证种植深度一致。

精准农业可以通过全流程的精打细算，对水、化肥、农药等生产要素的投入进行精准控制，在最大程度上节约投入，让农业生产活动像工业生产活动一样实现流程化、规模化，从而实现生产效益最大化。

二、英国："农业技术战略"的实践

近年来，受自然条件与市场条件的影响，英国农业部门的收入经历了多次大的波动。为了应对全球气候变暖以及全球农业生产竞争强度提升带来的挑战，英国环境、食品和农村事务部提出了两大建议：第一，利用数字技术、传感技术和空间地理技术发展精准农业；第二，加强农业生产部门与市场的对接，基于市场需求组织农业生产。要做到这两点，必须创建一个功能强大的数据搜集和分析处理平台。

早在2013年，英国政府就推出了"农业技术战略"，旨在利用农业大数据与现代信息技术提高农业生产效率。为了更好地落实这一战略，英国相关政府部门、学术机构及企业共同建立"英国农业技术领导委员会"。

"农业技术战略"的核心是围绕"农业信息技术和可持续发展指标中心"创建一系列农业创新中心，将英国顶尖的信息技术和农业技术研究机构和企业汇聚在一起，让大数据、信息技术等与农业生产活动深度融合。农业信息技术和可持续发展指标中心主要负责为农业信息技术提供建模与统计服务；雷丁大学负责提供数据科学服务；全国农业植物学会和苏格兰农业学院负责提供农业技术资料等。根据英国政府出台的相关规定，该中心要实现数据开放，搭建数据科学和建模平台，对农业产业链条上的所有数据进行收集处理。

1. 农业数据资源建设

在农业信息化的进程中，英国对基础数据建设给予了高度重视，政府从实际需求出发构建基础数据库，汇聚大量数据资源，以此作为决策的参考和科研的凭借。

在农业数据资源建设方面，英国农业局的农业数据库是一项值得一提的成果，该数据库中囊括了丰富的农业数据信息，并且为了保持数据的时效性和实用性，会定期对现有数据进行更新，更新规模接近每年35万条数据，数据库的总用户规模约为690万人。另外，农业普查数据库和全国土壤数据库等也是英国国内认可度较高、拥有权威地位的数据库。英国农业类数据库的一个突出特点在于收纳的数据信息非常全面，借助数据库可找到国内每家农场的数据。因此，英国政府可以在掌握充分信息的基础上制定政策并下发补贴，提升政府决策水平。

此外，英国包括高校在内的很多科研机构也是数据库建设的参与者，科研机构的数据库呈现出专门化的特质，适用于特定的研究领域，它们同样是英国农业数据库的重要组成部分。

英国的案例展现了数据库的价值和重要性，对于我国具有借鉴意义，我国也应重视数据库建设，基于充足的数据提高政府决策能力，取得更高质量的科研成果。

2. 现代农业信息服务体系

结合农业技术推广服务体系和信息化技术，英国构建起现代农业信息服务体系。具体而言，农业信息包含三类，见表4-3。

表4-3　英国现代农业信息服务体系包含的三类农业信息

类　型	内　容
政府公共服务信息	英国政府将公共服务信息放到农业信息网站和服务平台，供农业从业人员获取，并且不收取任何费用。另外，英国政府还推出了农业评价处理系统，作为一项分析工具供国内农场使用，通过向系统提供自己的各项数据，农场可得到关于自身经营状况的分析结果，并与标准经营状态及其他农场的情况进行比较，据此制定下一步的规划
社会农业组织信息	在从社会农业组织处获取信息时，农业从业人员只需支付少量费用，由此省去烦琐的信息搜寻和筛选工作，快速得到自己需要的、能够带来实际帮助的信息
农业企业信息	农业企业建有农业信息服务平台，平台的信息容量非常可观，农业从业人员可根据自己的需要从平台处获取信息

3. 高速发展的智能农业

智能系统是智能农业建设的重要载体，英国的很多农场引入了智能系统，主要用于农场的决策和管理，例如安装“门卫”系统的农场就超过了4 000家。智能系统中集合了多个领域的先进科研成果，能够基于专业知识并结合农场数据，确定当前条件下农场的最佳经营方案，此外专家也可借助智能系统参与远程决策。

英国农场还使用了自动化和AI技术，比如利用智能扫描装备扫描土地，掌握农作物的生长情况，精确控制农药和化肥的用量。

三、德国：“数字农业”模式与举措

德国鼓励大企业主导“数字农业”的发展，比如德国软件供应商SAP公司推出了数字农业解决方案，支持农民通过电脑查看各种与农业生产有关的信息，包括某块土地中的水分与肥力情况、适合种植的农作物类型、光照强度等。农民可以根据这些信息优化生产，提高农作物的产量，获得更多收入。再比如德国电信推出数字化奶牛养殖监控技术，农户在养殖场安装温度计、传感器等设备，通过这些设备对奶牛受孕、产仔等情况进行实时监测，以免出现意外。

现阶段，电脑、网络已经成为德国农民从事农业生产活动的必备工具。农民可通过网络接收当天的气象信息，查询粮食价格，接收电子邮件。在农业生产过程中，大型农机设备都配备了全球卫星定位系统，农民只需要打开GPS导航模式，农机设备就可以根据卫星数据自动作业，而且作业的精准度极高，误差不超过几厘米。

德国在多个方面具备发展农业生产的优越条件，其拥有充足的水资源以及适于耕作的气候，不过该国有限的土地资源以及农业劳动力的短缺也对农业发展形成了制约。为了推动农业发展，德国提出农业4.0路线，将信息技术应用于农业生产，从农业产业链的各个环节入手建设集约化、协同化农业，突破客观条件的限制，确立农业生产标准，提升生产智能化水平，形成稳固的职业农民群体，增加农民收入，打造更加美好的农村生态环境。

1. 生产智能化与精准化

使用遥感技术、地理信息系统等，收集并分析与农业生产有关的各项数据，包括气候、土壤、水资源等，预测农作物的产量，对农业资源实施精细化管理，并在此基础上制定农业生产规划，发布相关的农业政策，实现精准化农业。

在具体的技术和设备层面，运用计算机控制系统控制农业机械执行农业生产的各项环节，包括种植业的播种、施肥、收割，以及畜牧业的饲喂、挤奶等。与英国政府一样，德国政府也很重视数据库的构建，农业从业人员可从数据库中获取到各类农业信息数据，如农作物信息和环境数据等，以此作为决策和规划的参考，农业数据库的建立和应用对于实现智能化与标准化生产具有重要意义。

德国的数字农业建设取得了可观的成果，在很大程度上解放了人力，促进了农业高效精准生产，为其他国家的农业转型提供了经验和借鉴。

2. 农业全产业链协同化

德国政府着力于实现农业产业链的协同，推进生产、加工、销售等各个环节的一体化，构建高度协调、高效运转的农业产业体系，创造更高的产业价值。德国在农业发展的过程中建立起合作社组织，较为典型地体现了农业产业链协同化。该组织在德国的农村地区广泛分布，根据农民的需要为其提供各类优质服务，并且各合作社组织之间存在紧密的协作关系，共同发挥数据分析及发布等功能。

为了确保合作社组织的健康高效运转，德国政府建立了信息化服务平台，出台了相关的法律法规，采取严格的监管措施。合作社组织加强了农业、工业、商业、政府部门间的联系，促进了信息数据的高效顺畅流通，在劳动生产率的提升方面起到重要作用。

四、其他国家农业大数据建设与实践

1. 法国：筹建农业大数据平台

为了防止农业大数据被个别互联网企业获取形成垄断，给多元化的农业生产方式的发展造成不良影响，法国农业部计划筹建一个农业大数据收集网站，并将该项目交由法国农业科学与环境研究院院长让马克·布尔尼嘉尔负责。

这个农业大数据收集网站以现有的数据库为基础，要方便用户操作并使用。目前，在欧洲，几乎没有国家筹建这类网站。因此，法国希望将此网站打造成欧洲大数据农业的典范。农业大数据收集网站建设面临着两大挑战：第一，农民是否愿意学习使用农业大数据来指导农业生产；第二，随着农业数据服务不断增值，政府能否坚持为农民提供免费的数据服务。

2. 澳大利亚：建立全球质量溯源体系

澳大利亚是畜牧业大国，早在十几年前就推出了国家牲畜标识计划，建立了畜产品质量安全追溯系统。该系统采用通过国家牲畜标识计划认证的瘤胃标识球或耳标识别牛、羊的身份，将相关信息统一录入国家中央数据库，对每一只牛、羊从出生到屠宰的整个过程进行追踪。在奶牛管理方面，每一只奶牛自出生起就会佩戴用于身份识别的耳卡。每次挤奶后，管理人员会扫描奶牛耳卡上的电脑芯片，获知当日的产奶量。管理员可以通过产奶量的变化了解奶牛的身体状况，调整次日的饲料成分。

目前，澳大利亚部分企业已经加入全球质量溯源体系。借助自主知识产权技术，每个商品都会被添加一个名为“真知码”的特殊二维码，可以多次写入数据。消费者只需用手机扫描这个二维码，就能追溯产品的整个生产过程；企业扫描这个二维码，可以了解产品的去向，通过这种方式构建一个涵盖了生产、物流、仓储、消费等环节的全链条监管体系，为食品安全提供强有力的保障。

3. 日本：利用互联网技术发展智能农业

日本的国土面积较小，人均耕地面积有限，再加上人口老龄化严重，从事农业生产的人口不断减少，农业从业者的平均年龄达到了67岁。为了稳定农业基础，保证农业可持续发展，日本提出利用互联网技术振兴农业，发展智慧农业的口号。

在互联网技术的支持下，可以将农民的技术与经验转化为数据，方便下一代农业从业者学习继承；在农业生产过程中，利用高精度传感器收集气象数据或农作物生长数据，将这些数据实时发送给农民，帮助农民调整灌溉方案或者施肥方案，开展精准种植。除此之外，农产品生产企业可以利用互联网收集消费者对农产品的需求，根据消费者需求组织农产品生产与销售；在全球卫星定位系统的支持下，无人驾驶拖拉机可以实现24小时不间断耕作，解决农业人口老龄化问题等。

随着智能终端不断普及，相关科技企业可以为农民提供含有云系统分析的手机客户端服务，提高农业生产效率与效益；还可以利用一些技术将农产品生产过程记录下来，方便消费者对食品进行溯源。

4. 荷兰：开放卫星大数据

为了提高农业生产效率，促使农业实现可持续发展，荷兰政府出资140万欧元用于购买卫星数据，包括土壤、温度、水分含量和水的质量等多种与农业生产有关的数据，并将卫星数据的使用权向农民免费开放。大数据分析公司可以通过这些数据对农作物的生长情况、农作物内氮和淀粉的含量进行分析，指导农民优化灌溉、施肥、喷洒农药的方案，帮助农民节约生产成本，减少土壤污染。

5. 以色列：利用大数据技术优化种植

在以色列，荒原与沙漠占据了一大半，给农业发展带来了极大的挑战。为了应对残酷的自然环境，以色列致力于用高新技术发展农业。经过多年努力，以色列的水利灌溉技术、农业自动化、机械化和信息化等技术已经领先世界。在大数据的支持下，以色列的高科技农业将再次实现飞跃。

以色列农业的信息化、数字化基础比较雄厚，很多农业技术公司都会利用大数据帮助农民优化种植方案。例如，以色列农业技术企业Taranis利用卫星图像、农作物实地生长报告及当地病虫害分布等大数据，创建植物生长模型，并利用实时收集到的可视化数据对植物可能遭受的病虫害风险进行预测，对天气变化进行实时感知，指导农民根据预测数据调整雾化灌溉设备的阈值及方向，控制肥料及杀虫剂的用量，降低生产成本，实现增产增收。

第三节　区块链在数字农业领域的应用

一、数字农业：未来农业发展新方向

数字农业是以现代信息技术为支撑，以信息为农业生产要素，以农业数字化为发展方向，以实现数字技术与农业的深度融合为目标，在转变农业生产方式、提升农产品的市场竞争力上具有重要意义。近年来，农业数字技术的迅速发展加快了我国农业数字化、信息化和现代化的进程，农业的数字化为区块链应用提供了“肥沃的土壤”。

在物联网、大数据、云计算、5G等新一代数字技术的作用下，区块链能够优化农产品流通链，增加透明度、可信度和畅通度，有效解决数字农业发展过程中的农产品质量安全、农业保险信贷及农产品产供销等各种难题，为发展数字农业提供良好的技术保障。

作为区块链应用最广泛、技术最成熟的领域，农产品安全质量溯源为数字农业高质量发展“保驾护航”，在大型平台的支配下，实现农产品供应链领域的区块链应用。农业金融领域的区块链应用模式分为两种，通过电商数据创建区块链金融服务系统和区块链农权抵押借贷系统。在农业保险领域，区块链主要以溯源系统为支撑进行各种实践。

2025年，我国农业数字经济规模将接近1.3万亿元。在数字农业的万亿生产规模下，区块链有着广阔的应用前景。未来，“区块链农业园区”将成为区块链在数字农业领域应用的主流模式。

数字农业将信息视为农业生产要素，用互联网、大数据、AI、云计算等新一代信息技术实现对农业的数字化设计、信息化管理和可视化表达，是数字技术与农业深度融合的技术。数字农业的发展与广泛应用，可以大幅提升农业的生产效率和农产品质量，对于改造传统农业、转变农业生产方式具有重要推动作用。我国数字农业发展潜力巨大，数字农业将成为我国农业发展的新方向。伴随新一代信息技术的发展与应用，世界主要发达国家都高度重视数字农业的深度发展，先后推出数字农业相关发展计划，构建数字农业发展的新优势，并将数字农业作为国家农业高质量发展的主要目标。

一直以来，我国高度重视“数字中国”的建设与发展，并将其作为国家重点战略实施。而数字农业是我国从农业大国走向农业强国的必经之路，大力发展数字农业是建设“数字中国”的重要组成部分，受到了国家的高度重视和战略性支持。近年来，我国农业部门高度重视数字农业在落实乡村振兴战略、建设数字中国战略中的重要意义，先后组织实施数字农业建设试点项目、精准农业应用项目、全产业链大数据建设试点项目等重点项目建设。

二、“区块链 + 数字农业”的应用场景

“区块链+数字农业”的主要应用场景如图4-3所示。

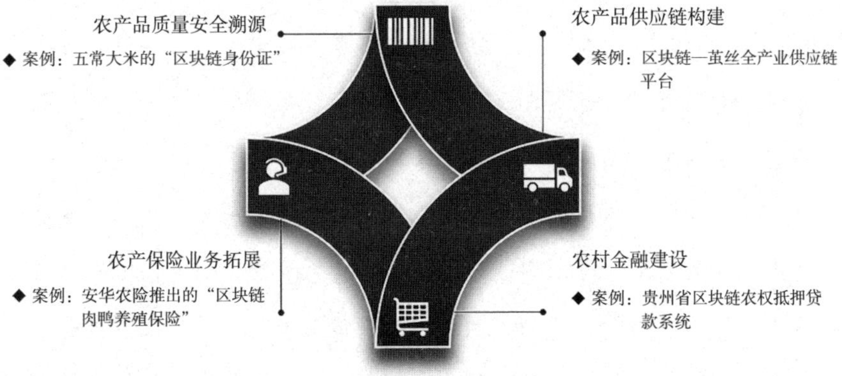

图4-3 “区块链+数字农业”的应用场景

1. 应用场景1：农产品质量安全溯源

作为应用最多的农业场景，农产品质量安全溯源最早应用区块链技术。如今，区块链在农产品质量安全溯源领域的应用已经受到了很多区块链技术和解决方案提供商的青睐。技术提供方通常选择“自上而下”的合作模式，即通过与当地相关政府部门合作，和政府共同推动区块链在农产品质量安全溯源领域的应用。

案例分析：五常大米的“区块链身份证”

作为中国国家地理标志产品，黑龙江五常大米凭借优越的地理位置和自然资源条件深受消费者的喜爱。但近年来，市面上出现了各种“冒充”五常大米的其他普通大米。许多商家打着“五常大米”旗号掺假售卖假米，严重影响了五常大米的声誉和品牌。为解决这一问题，黑龙江五常市政府与阿里巴巴旗下天猫、菜鸟、阿里云及蚂蚁金服通力合作，将蚂蚁金服区块链溯源技术应用于五常大米。从此，五常大米有了自己专属的“区块链身份证”。

消费者购买五常大米后，只需用支付宝扫一扫其专属的“区块链身份证”，就可以清楚地看到购买的五常大米详细溯源，记录了从种植地、种子信息、施肥情况到物流等全过程信息。并且，五常市质检部门专门负责五常大米的源头质量监测，实行“一检一码”，五常大米信息的真实性得到有效保障。

具体而言，首先借助物联网技术进行“一物一码”标识，其次把大米从种植到消费的全流程信息传输至区块链，商品的唯一性得到有效保障。同时，从种植到销售，五常大米生产商、五常质量技术监督局、菜鸟物流、天猫等各个环节的参与主体在区块链中写下自己身份的信息签名，一旦签字，将不可篡改信息和抵赖身份。消费者或监管部门可以从区块链上查阅商品流转的全部信息，可有效实现“一物一码”的正品溯源。

2. 应用场景2：农产品供应链构建

农产品供应链的特点一般是环节复杂、链条长、参与主体众多。把产业链的各个环节和所有参与主体联结起来，形成完整的供应链，这是区块链融入农产品供应链的前提条件。目前，阿里巴巴、华为和以中农网为代表的农产品电商平台等大型平台，正在积极探索区块链技术在农产品供应链领域中的应用。

案例分析：区块链—茧丝全产业供应链平台

茧丝产业中的上游生产商主要以分散的单体小规模生产为主，整条茧丝供应链冗长，供应链参与主体之间信息不对称，且交易成本高昂，供应链运转效率不高，茧丝交易过程中买卖双方其中一方人为毁约现象更是屡见不鲜。

为有效解决茧丝产业出现的各种问题，作为农产品B2B垂直电商平台，中农网构建了“区块链—茧丝全产业供应链平台”，实现了下单、生产、加工、仓储、结算、出口等全茧丝产业链全覆盖，茧丝各环节参与主体信息不对称、产供销不平衡、整个供应链运转效率低下等问题得到了有效解决，违约现象也鲜有发生。

3. 应用场景3：农村金融建设

银行是“区块链—农村金融”领域主要的参与主体，其相关实践可以分为两种：一种是利用电商数据实现区块链金融服务系统的构建，通过联结区块链与电商供应链，基于充分挖掘、利用农行涉农电商数据，为电商供应链的法人客户提供完整的电商融资服务；另一种是区块链农权抵押借贷系统的构建，银行与林业、国土等农权主管部门建立合作关系后，借助区块链，有效解决彼此间的信息不对称问题。

案例分析：贵州省区块链农权抵押贷款系统

贵州省区块链农权抵押贷款系统由中国人民银行贵阳中心支行牵头组织并开发，在贵州省金融城域网上整体呈现，金融机构已实现金融城域网的全部连通，各农权主管部门借助由中国人民银行贵阳中心支行与中国电信合作开发的小微接入平台，通过VPN的方式，可实现良好的汇聚接入。

农权抵押贷款应用中的各个联盟链总共包含三类账本节点，分别是中国人民银行、商业银行和农权行业主管部门节点，具体内容是：中国人民银行节点负责管理联盟链，统计监测各类农权抵押贷款业务数据；商业银行节点负责依据规范的流程跟进农权抵押信贷业务，进行分布式账本的维护；农权行业主管部门节点负责管理产权状态、审核产权等操作，实现分布式账本的维护。基于业务规则，在各参与节点间自动执行农权资产的产权确认、产权抵押和产权变更等关键流程，在对应的账本节点中同步更新相关数据，确保数据实时生效，进而实现信息透明、数据无法篡改、交易流程可追溯，可以有效避免多头抵押现象的发生。

4. 应用场景4：农业保险业务拓展

目前，我国的多家公司已经将区块链广泛应用于农业保险领域，它们具体的应用模式是，将物联网、AI、大数据等数字技术融入其中，在区块链的不可篡改、可追溯等作用下，实现整个农产品产业链的溯源系统的全面构建与覆盖。

案例分析：安华农险推出的“区块链肉鸭养殖保险”

安华农业保险股份有限公司（简称安华农险）是一家全国性农业保险公司。为有效解决困扰家禽养殖保险的承保难、查勘难、理赔难等行业各种痛点问题，安华农险探索创建“区块链—农业保险”模式，并推出商业性区块链肉鸭养殖险。

在养殖过程中，肉鸭养殖规模巨大，使得难以对肉鸭进行有效标识，无法精准量化承保数量，并且肉鸭生长周期极短，从喂养到屠宰只有短短的45天，常常面临信息传递滞后严重、无法实时管理肉鸭生长情况等问题，工作人员需要多次查勘，这导致保险机构的理赔周期延长，承担着高昂的理赔成本。

在整个养殖过程中，安华农险将区块链技术应用其中，龙头企业、养殖户、保险公司等参与区块链保险业务的各个主体在区块链系统上各有操作权限，区块链数据库将记录下承保标的实时死亡数量，参与区块链保险业务的各个主体共同验证、维护实时死亡数量，使得实时死亡数量是真实、准确的。此外，智能合约能够自动理赔灾损，家禽死亡原因在保险责任范围之内，数据库将直接自动触发智能理赔合约，有效缩短理赔时间。

三、“区块链＋数字农业”面临的挑战

目前，虽然区块链技术已经落地应用于数字农业领域，但农业区块链实现广泛应用和推广还有很长的路要走。区块链技术和农业的融合应用还面临一系列挑战，主要如图4-4所示。

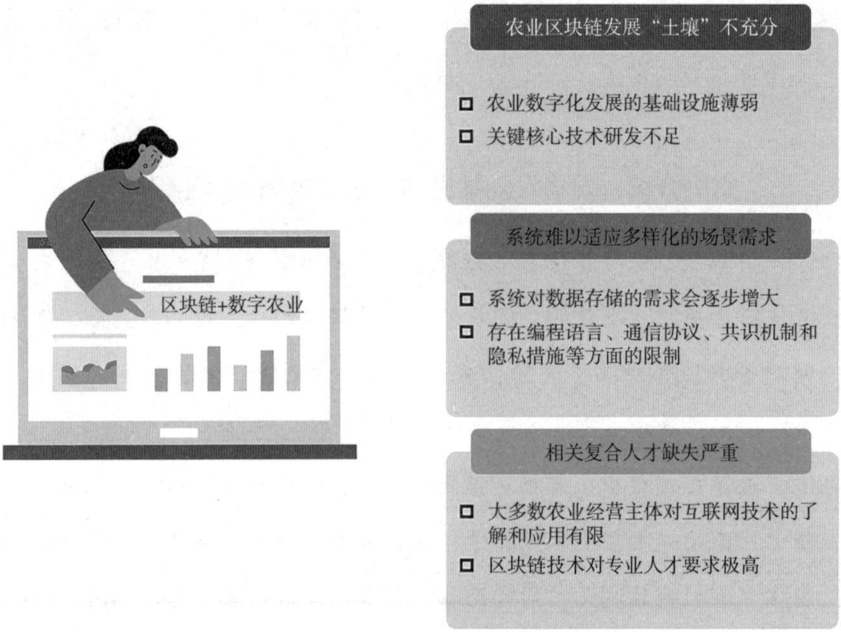

图4-4 “区块链+数字农业”面临的挑战

1. 农业区块链发展“土壤”不充分

区块链发展的前提条件是数字化，区块链实现了新的数据记录方式，但数据才能让数据记录方式发挥出应有的价值。虽然数字技术在农业领域已经得到一定应用与发展，但从整体上看，农业数字化发展总体是滞后的，发展过程中还面临诸多技术难题与各种挑战。

第一，农业数字化发展的基础设施薄弱。根据第三次农业普查数据，我国小农户数量占农业经营主体98%以上，小农户从业人员占农业从业人员90%，“大国小农”仍是我国的基本国情农情。农业产业链条分布分散、集约化程度低是小农户主要的经营模式，其带来的结果是数据资源分散，数据获取能力低下。我国农业农村基础数据资源体系建设、重要农产品全产业链大数据初步发展，农户受知识水平因素的影响，接受新型数字技术的水平较弱，这在一定程度上阻碍了数字技术与农业的融合发展。

第二，大数据、物联网、AI等关键核心技术研发不足。区块链在数字农业领域的深入应用需要大数据、物联网、AI等关键核心技术的作为支撑。目前，我国农业生产高度规模化、专业化不足，创新能力较弱，相关技术研发滞后；缺乏相关农业专用的传感器，农业机器人、智能农机装备等适应能力弱，导致发挥的作用有限。

2. 系统难以适应多样化的场景需求

目前，我国区块链技术正处于发展阶段，存在数据存储能力较弱、通用性不足等方面的难题，距离成熟阶段还存在较大差距。同时，当前区块链的应用规模较小，整体应用正处于探索阶段。

区块链网络由众多数量的参与节点组成，每个节点都具备记账权，所有的交易结果和支付记录都与全网节点同步，这需要花费大量的计算资源和时间成本完成交易处理，需要消耗更多的存储空间进行数据的大量冗余备份，时间一长，区块链系统对数据存储的需求也将进一步增大，尤其在对呈现几何倍数增长的企业数据的处理上，这一增长趋势更为明显。

此外，适应多样化的业务需求、共享跨企业业务链数据，也是区块链在应用过程中需要具备的。然而，目前的区块链系统大多采用不同的编程语言、通信协议、共识机制和隐私措施，很难达到“跨链”要求，也很难适应多样化的业务场景需求。

3. 相关复合人才缺失严重

在国家政策的支持和农村经济发展的推动下，许多当代大学生倾向于返乡创业。但由于大多数农业经营主体仍是年龄偏大、知识水平有限的群体，他们对互联网技术的了解和应用有限，更是甚少了解区块链等新型数字技术。因此，推动区块链在数字农业领域的广泛发展，需要储备好专业的人才。

目前，区块链技术对专业人才要求极高，我国缺乏大量专业技术人才，更是缺乏既懂区块链技术又热爱农业的复合型人才。专业人才的缺失，是“区块链+数字农业”发展过程中面临的一大难题。

四、“区块链+数字农业”的未来展望

当前，虽然区块链技术尚未广泛和深入应用于农业领域，但已经引起了相关政府部门的高度重视。未来，我国将进一步推动农业数字化的发展，进一步扩大区块链技术的应用规模和应用场景，进而改变农业发展模式，使之向数字化、智能化、专业化方向推进。

1. 应用规模将实现重大突破

生产分散、产销分离、产业链条长等问题，一直是我国农业发展过程中面临的主要问题，这些问题致使农产品流通效率滞后。而区块链技术是解决这些问题的“重要药方”。将区块链技术融入农业发展全过程，有效满足了农业发展生产分散、参与者众多等要求，区块链在产业链条复杂、涉及多方参与的领域发挥的作用更大。当前，区块链在农业领域应用程度较低，究其原因，主要是农业数字化程度较低。

然而，数字农业发展已经引起国家的高度重视。2020年1月，农业农村部、中央网络安全和信息化委员会办公室印发的《数字农业农村发展规划（2019—2025年）》（以下简称《规划》）指出，到2025年，建设重要农业种质资源大数据。依托全国统一的国家种业大数据平台，构建国家重要农业种质资源数据库，绘制全国农业种质资源分布底图，推进农作物、畜禽、水产、微生物等种质资源的数字化动态监测、信息化监督管理。

《规划》同时指出，预计农业数字经济占农业增加值比重从2018年

的7.3%提高到2025年的15%，年均增速10.8%。农产品网络零售额占农产品总交易额比重从2018年的9.8%提高到2025年的15%，年均增速5.5%。区块链在数字农业领域的应用规模将实现重大突破。

2. “区块链+农业园区”成为主流模式

目前，“大国小农”是我国基本的国情农情，我国农业发展的生产经营分散、农业产业链条长特点导致了我国数据资源分散、数字农业发展基础薄弱。同时，农业数据整合难度较大，数字农业面临发展的困境。因此，为有效解决数字农业发展中的各种难题，有必要构建产供销一体的数字化农业园区，进行生产、管理、物流、销售的全链路的数字化升级。

数字化农业园区的发展可以为区块链的实践应用提供“肥沃的土壤”，而区块链技术的应用又可以高效、科学地运行数字化农业园区内的整个产业链条，大幅度增强整个产业链条中各参与主体间的协作效率。同时，整个产业链条、农产品各个环节均公开化、透明化。未来，“区块链+农业园区”将成为区块链在数字农业领域应用的主流模式。

3. 乡村治理等将成为重要应用场景

乡村治理体系的完善，可以为数字农业的发展提供好的保障，并有效推动区块链和数字农业的融合应用。目前，数据的严重缺失阻碍了乡村治理工作的进程。一直以来，部分农村地区留存归档意识淡薄，对传承和保存历史资料不够重视。随着村级综合服务信息化水平的不断提升，农村地区开始运用网络管理村级事务，如民情收集、信息发布、议事协商、公共服务等都在网上逐步实现。区块链技术下数据的存储、共享和分发能够确保数据真实、透明，避免乡村治理工作过程中的信息不对称问题，从而有效实现乡村治理效率的提升。

此外，农村产权交易的健康发展可以加速推动农村产业循环，实现农村要素资源的快速流动，从而促进农村地区经济发展。区块链技术与农村产权交易电子合同签署及存证的融合应用，可以进一步保障签署主体身份的真实有效性和签署时间的客观真实性。未来，农村产权交易也将成为区块链技术重要应用的领域之一。

第五章

智慧医疗

第一节 智慧医疗的总体架构与技术

一、智慧医疗的概念特征与优势

智慧医疗（wise information technology of med，WITMED），也叫移动医疗，是一种随着信息化技术而兴起的新型医疗形式。数据与现代化技术是此种医疗形式的核心——通过线上健康档案区域信息平台的建设，发挥数据的信息载体作用，同时借助物联网技术实现医疗资源与患病用户的对接，实现诊疗过程的信息化、智能化、数字化。

智慧医疗的出现，解决了传统医疗体系内存在的医疗资源分布不均衡、管理不规范、医疗供需对接存在大量信息差、高质量医疗资源覆盖面窄等问题，通过对医疗资源进行信息化录入对区域内的医疗资源进行整合，并通过线上平台与患者进行对接，优化了区域内医疗资源的配置。

智慧医疗产业链（如图5-1所示）的上游主要聚焦于医疗终端与患者的交互，提供各种技术与设备。其中，技术供应商提供大数据、云计算、AI、互联网等核心技术，设备制造商则提供各类采集设备、医疗设备等。

中游主要聚焦于不同场景下医疗服务解决方案的提供，主要有智慧医疗服务商和系统集成商。其中，智慧医疗服务商主要针对不同场景下的医疗需求制定相应的服务方案，如智慧医院系统、家庭健康系统、区域卫生系统等；系统集成商则根据不同智慧医疗服务方案的组合设计将涉及的技术、服务与单一设备进行集成，形成完整的智慧医疗解决方案。

下游主要聚焦于医疗资源供给主体与需求主体的对接与交互，智慧医疗解决方案通过医疗机构等供给主体进入各个医疗应用场景，实现为患者服务。

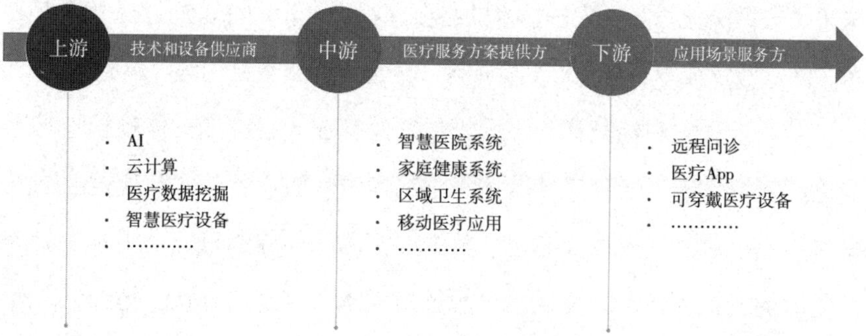

图5-1　智慧医疗产业链

在整个产业链中，数据贯穿了整个供应与服务体系。作为关键的要素资源，数据有着重要的信息承载能力，能够实现下游医疗机构与患者的高效对接和智慧化管理，优化资源配置，同时也帮助中上游的设备、技术以及医疗服务系统供应商更好地获得市场反馈，及时对设备、技术和智慧医疗解决方案进行优化升级，推进整个医疗服务体系的进步。

1. 智慧医疗的核心特征

智慧医疗的核心特征如图5-2所示。

图5-2　智慧医疗的核心特征

（1）智能化和信息化。通过将AI、大数据等先进技术引入医疗服务体系之中，实现了医疗资源与患者的高效、精准对接，保障了收诊、治疗过程中医患沟通的便捷性，同时为特殊疾病的研究提供了良好条件。未来，智慧医疗与各类先进技术的结合度将进一步加深，通过提高诊疗效率、降低医疗成本、便利疗养看护等，为患者带来更好的医疗体验。

（2）个性化和精准化。不同于传统医疗在一定程度上依赖经验对患者进行病情诊断，对于患者具体需求的判断后置，智慧医疗通过终端设备对用户信息的采集以及对用户数据的汇总，能够为每一个用户生成个性化的健康报告，及时发现用户的健康需求，实现前置化、精细化、差异化的医疗服务提供。

（3）融合和创新。智慧医疗各项服务功能的实现离不开大数据、互联网、AI等技术的支撑。未来，随着新需求、新场景的诞生，智慧医疗与各类技术的结合程度将进一步加深，拓展出更多的功能与服务，从而推动整个医疗服务体系不断向前发展。

2. 智慧医疗的主要优势

智慧医疗是一种建立在患者数据基础上的医疗服务模式，包括数据获取、知识获取和远程服务三个环节。相较于传统医疗，其优势主要表现在以下方面：

- 使用家庭医疗场景的智能医疗设备代替医务人员进行患者医疗数据的采集，既节省了人力成本，同时保证了数据更新的准确性与实时性；
- 借助数字化网络平台，能够实现对患者数据的高效调取，从而提高收诊效率，避免排队等造成的时间浪费；
- 智慧医疗系统能够将采集的数据统一入库管理，从而实现数据资源的反复利用，为各种疑难杂症和关键病例的治疗研究提供大量的样本，同时通过患者数据的健康分级，能够为不同分级的人群提供不同的监控和诊疗服务，既保证了医疗服务的精准化，同时也降低了一些慢性病的发病率，从而节省了更多珍贵医疗资源；

- 通过基本认证后，智慧医疗的信息医疗系统将对病患信息进行同步并向患者和医生开放调取权限，一定程度上减少了诊疗过程中患者病情的沟通成本，为患者治疗和护理争取了更多的时间。

二、智慧医疗的总体架构设计

智慧医疗是智慧城市建设的重要组成部分，也是城市产业升级和经济发展新的增长点。智慧医疗融合了多种先进技术，如大数据、物联网、云计算、移动互联网、生物技术、纳米技术等，整合了各个相关方（如家庭、医疗机构、管理部门、服务机构等）的医疗资源和设施，为居民提供了新的健康管理和服务模式。

智慧医疗总体架构的组成部分具体见表5-1。

表 5-1　智慧医疗的总体架构设计

<table>
<tr><td rowspan="13">智慧医疗</td><td colspan="3">应用服务平台</td></tr>
<tr><td rowspan="4">应用支撑云平台</td><td rowspan="2">服务平台层</td><td>智慧云服务平台</td></tr>
<tr><td>智慧云数据中心</td></tr>
<tr><td rowspan="2">基础支撑体系</td><td>运行支撑平台</td></tr>
<tr><td>基础设备</td></tr>
<tr><td rowspan="2">基础设施平台</td><td colspan="2">智慧感知层</td></tr>
<tr><td colspan="2">医疗卫生专网</td></tr>
<tr><td rowspan="6">安全保障体系</td><td colspan="2">物理安全</td></tr>
<tr><td colspan="2">网络安全</td></tr>
<tr><td colspan="2">主机安全</td></tr>
<tr><td colspan="2">应用安全</td></tr>
<tr><td colspan="2">数据安全</td></tr>
<tr><td colspan="2">安全管理</td></tr>
</table>

1. 应用服务平台

智慧医疗卫生应用服务平台的主体是智慧医疗公众访问平台，可以围绕用户构建起一体化居民健康服务体系，全面检测和评估居民的疾病发展过程、疾病康复过程，并向居民提供健康咨询和健康管理等服务。不仅如此，居民还可以在手机等设备上查看个人电子健康档案或电子病历，享受医疗咨询、健康提醒和用药提醒等服务。

2. 应用支撑云平台

（1）服务平台层

主要包括智慧云服务平台和智慧云数据中心，见表5-2。

表5-2 服务平台层的主要组成部分

组成部分	应用价值
智慧云服务平台	可以在为居民提供服务的过程中采集各项医疗健康数据，并将这些数据与医疗卫生机构进行交换和整合，在向居民提供基础服务的基础上，充分利用各项智慧化手段，进一步优化对居民健康档案和电子病历的管理，加强慢性病防治，提升决策分析的效率和有效性，进而促进各个医疗机构之间实现互联互通，为医疗行业建设智慧医疗数据中心提供支持
智慧云数据中心	是以统一的核心数据框架和国家标准为基础建成的数据平台，可以整合各项医疗机构相关信息，支撑各个相关方共享居民健康信息，同时也可以深入挖掘和分析大量医疗数据，为管理人员实现有效决策提供数据层面的支持

（2）基础支撑体系

主要由运行支撑平台和基础设备组成，见表5-3。

表5-3 基础支撑体系的主要组成部分

组成部分	应用价值
运行支撑平台	可分为两部分，一部分为基础中间件，主要包括资源虚拟化中间件、应用服务中间件、数据库中间件；另一部分为运行支撑服务，可以整合各项基础设施，实现云计算和云存储功能，既能够为相关工作人员集中管理各项分散资源提供方便，也能够有效解决集中资源的分散服务问题，进而为感知资源和数据的聚合应用以及高效能海量数据的分析处理提供支持
基础设备层	包含多个组成部分，如服务器、交换机、存储设备等

3. 基础设施平台

基础设施平台主要包含两部分，分别为智慧医疗卫生感知层和医疗卫生专网，见表5-4。

表 5-4 基础设施平台的主要组成部分

组成部分	应用价值
智慧医疗卫生感知层	涉及多种传感器和传感网关，可以帮助相关工作人员识别医疗卫生对象，获取医疗卫生资源
医疗卫生专网	接入方式主要包括三种，分别为运营商统筹、专线接入和 Internet 经 VPN 接入。医疗卫生网络可以确保智慧城市与其他领域网络之间的融合性、共享性，充分保证网络的安全性，并在此基础上统一管理智慧城市网络，为医疗卫生数据的传输提供支持

4. 安全保障体系

智慧医疗安全保障体系主要涉及六项内容，分别为物理安全、网络安全、主机安全、应用安全、数据安全和安全管理。具体来说，智慧医疗安全保障体系可以综合运用多种技术和方法，从不同层次、不同方面提升智慧医疗体系的安全防护、监控管理、测试评估、应急响应等能力，确保响应的及时性，以便对智慧医疗体系进行全方位的监测和防护。

三、智慧医疗的关键技术体系

1. 智慧医疗的技术架构

智慧医疗技术架构可分为应用层、网络层和感知延伸层三部分。

（1）应用层。应用层可以按照医疗健康业务场景划分为以下八部分：

- 公共健康卫生系统；
- 业务管理系统，主要由医院收费和药品管理系统两部分组成；

- 电子病历系统，主要包含病患的各项基础信息、疾病相关信息以及医疗影像信息等；
- 临床应用系统，主要由计算机化医生医嘱录入系统（computerized physician order entry，CPOE）等构成；
- 慢性疾病管理系统；
- 区域医疗信息交换系统；
- 临床支持决策系统；
- 公共健康卫生系统。

（2）网络层。网络层主要包含有线网络和无线网络。其中，有线网络的通信方式可分为以太网、串口通信、现场总线；无线网络的通信方式可分为移动网、蓝牙、Wi-Fi和RFID。在网络层和感知延伸层之间，网关可以完成数据存储、协议转换和发送数据信息等工作，进而实现对业务终端的管理和控制。

（3）感知延伸层。感知延伸层主要包含在硬件方面为医疗健康监测业务提供支持的各类传感器终端设备。在感知延伸层中，心电监测传感器、呼吸传感器、血压传感器、血糖传感器、全球定位系统和摄像头等传感器终端可以互相连接，共同构成传感器网络，为各项智慧医疗应用提供支持。

2. 智慧医疗的关键技术

（1）物联网技术。国际电信联盟（International Telecommunication Union，ITU）认为，可以利用纳米技术、传感器技术、智能嵌入技术和RFID技术构建技术网络，并借助该技术网络来发展物联网。在医疗卫生领域，物联网的应用主要涉及三个方面，分别为物资管理可视化技术、医疗信息数字化技术、医疗过程数字化技术。在医疗物联网技术的作用下，医疗卫生行业可实现及时监测、自动数据采集和远程医疗监护；在无线网络环境中，医疗卫生行业可以通过扫描RFID标识码进入移动设备管理系统，实现对设备的实时标识、定位、管理和监控，进而提升各项大型医疗设备的利用率和共享化程度，减少医疗成本支出；物联网技术在医疗卫生领域的应用，可以提升患者、血液、医护管理等信息的智能化程度。

（2）云计算技术。云计算是一种融合了多种先进技术的共享基础架构，主要涉及网络存储、网格计算、虚拟化和分布式计算等技术。在医疗卫生领域，云计算可支持医疗行业利用中央服务器来存储病患的各项信息，如电子医疗记录和检验信息等，相关工作人员可以通过从相关设备在全球任意地点实时存储或获取这些信息。云计算在医疗卫生领域的应用具有虚拟化、多用户、超大规模、可靠性强、可扩展性强等优势，能够革新医疗行业的信息化方式，帮助医疗行业减少在信息系统建设方面的成本支出，推动医疗机构实现个性化服务，助力医疗机构进一步提升服务质量，实现以患者为中心的高度智能化的智慧医疗。

（3）移动计算技术。移动计算技术指的是以无线通信的方式通过移动终端与其他设备进行信息交互。在移动计算技术的作用下，医疗机构可以通过内部网络和传感器设备，广泛采集各项相关信息，并实现语义理解、推理和决策，也可以随时随地使用相关设备访问所需信息，实现智能控制。移动计算技术的应用，可以实现高效的数据传输以及对远距离移动对象的监测和预警，从而为医疗卫生工作者争取更多时间，为抢救工作提供强有力的支持。

（4）数据融合技术。数据融合指的是利用计算机按时序获取各项观测信息，并根据相关准则对这些信息进行自动分析、综合、支配、使用，获取被测对象的一次性解释和描述，围绕需要完成的决策和评估任务进行信息处理。在医疗卫生领域，数据融合技术可以应用到医学图像当中，在临床诊疗、治疗和手术导航等场景中发挥作用。数据融合技术的应用，可以配准和融合不同模式的医学图像，提供互补的医学信息，也可以融合功能图像和形态图像，准确找出功能障碍区的解剖位置，评估并研究功能或结构关系。

四、智慧医疗的未来发展趋势

智慧医疗实现了新一代数字信息技术对现代医疗行业的深度渗透，开辟了医疗服务供给的新路径，使之更加适合当下的医疗市场。随着远程就医、互联网医疗、移动医疗等先锋医疗模式逐渐打开市场，智慧医疗的市场规模将快速扩大。

结合全球市场来看，智慧医疗行业发展将呈现出七大发展趋势，如图5-3所示。

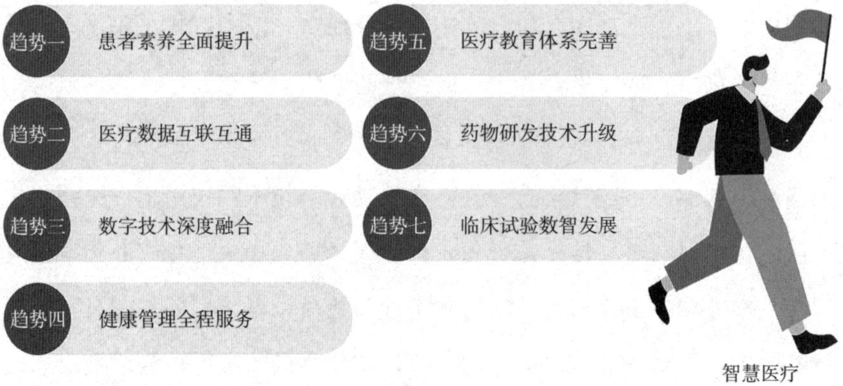

图5-3　智慧医疗的未来发展趋势

1. 趋势一：患者素养全面提升

随着生活水平的提升，患者对自身健康的重视程度不断提高，健康观念由以往的“生病了再就医”转变为当前的“避免生病”，并能够自觉使用智能医疗设备及工具监测自身的各项健康指标，采取饮食控制、规律作息等行为进行自我约束。以睡眠监测为例，当前，全球家用睡眠监测设备行业的市场份额不断扩大，并逐年增长。患者健康理念的进步，有利于减少疾病的发病概率，将疾病发展中断在早期阶段，同时也推动了全球医疗服务链的前向拓展，形成集健康监测、疾病预防、疗后康复于一体的链条式运转模式。

2. 趋势二：医疗数据互联互通

全球医疗系统致力于打破医疗系统内的信息壁垒，实现医疗数据的流通共享，进一步实现医疗资源的优化配置，以及医疗服务的全覆盖。以美国为例，通过近十年投入大量的资金用于构建电子病历体系，在产业政策与国内政策的支持下，其国内医疗数据的流通性与利用率得到了有效提升，从而实现了整体医疗服务体系的进步。

3. 趋势三：数字技术深度融合

通过在医疗服务体系内引入新一代数字技术，能够进一步提升临床医疗的诊疗质量与诊疗效率，优化患者的就医体验，同时能够更好地保障诊疗效果，提高重大疾病的治愈率。以美国为例，2021年，美国FDA批准Paige Prostate（Paige开发的辅助诊断软件）作为AI病理学产品用于体外诊断，有效地提高了癌症早期发现的概率，同时诊断结果的可靠性也进一步提高。

4. 趋势四：健康管理全程服务

各国医疗系统将数字技术和智慧医疗作为实现医疗资源合理配置的重要解决方案，以让更多的患者享受到高质量、精准化的医疗服务，打造全民终身化的健康管理服务模式。在这方面，日本政府率先展开探索，在国内大型医疗器械公司的支持下，推广“高质生活”家庭移动医疗护理概念，构建了以健康数据为基础，集健康信息采集、线上就医问诊、个性化健康管理于一体的移动医疗服务系统。

5．趋势五：医疗教育体系完善

智慧化、交互式的医疗教培模式不断发展，一方面推动了实践经验快速沉淀为理论知识，另一方面通过AI知识图谱、虚拟手术示教等智慧化的医疗交互场景教学快速帮助学生实现对理论知识的掌握与运用。2022年，新加坡国立神经科学研究所与VR医疗内容平台Kyalio联合推出了神经外科手术培训系统，为医学生创造了专业、真实、高标准的实践环境，提升了医疗培训效果的同时也节省了更多医疗资源。

6．趋势六：药物研发技术升级

医疗体系数据的高效流通、先进技术的引入推动了医药研发升级。一方面，通过对海量用户数据的采集与分析，能够为数据研发人员提供丰富的样本资源；另一方面，AI深度学习算法技术、智能化实验设备的引入，在减少临床实验误差、优化实验条件、提升研发速度等方面发挥了重要作用。以英国为例，通过引入AI技术，AI制药领域研发公司Exscientia将药物的研发时间由平均四年半缩短至一年，药物研发时间缩短约75%。

7．趋势七：临床试验数智发展

在保障患者安全、数据可靠性高和研究持续进行的前提下，以及在法律与相关规定许可的范围内，越来越多的临床试验场景需要依赖数智化发展提供解决方案。去中心化临床试验（DCT）通过临床试验管理平台以及远程通信技术，能够有效精简受试者的试验项目，进一步对临床试验进行统筹，优化临床试验流程与体系，降低受试者的不适程度。2022年，美国加州的去中心化临床试验提供商Medable 宣布与美国最大连锁药店CVS合作，依托其为大量患者提供服务所积累的资源优势更好地推动当地临床医疗试验体系建设，提升了临床试验的参与度与管理科学性。

第二节　数据AI驱动的医疗智能决策

一、应用场景1：虚拟助手

基于AI技术的虚拟助手，运用数字化手段为医疗领域提供有效辅助，预约、咨询等常规性的医疗服务都可以交给虚拟助手负责，同时在机器学习等技术的支持下，虚拟助手可根据现有的医疗条件和患者的实际情况给出恰当的医疗建议。

在同用户交互时，虚拟助手采用的方式为语音交互或文字交互。语音交互基于自然语言处理，在此种交互方式下，用户可将虚拟助手视作现实中的人，使用日常语言与其交流对话；如果用户的视力状况不是很好，或是其双手需执行其他操作，那么建议选择语音交互。文字交互采用文字聊天的形式，虚拟助手根据用户输入的文字信息给出答复。与语音交互相比，文字交互中用户需执行的操作稍显复杂，不过这种交互方式的优点在于记录信息比较方便。

1. 虚拟助手的应用优势

（1）全天候的医疗服务。虚拟助手可24小时持续运转，能够随时对医务人员或患者的需求给出回应，保证医疗的时效性。

（2）个性化的健康管理。不同用户有着不同的身体状况和疾病史，同时对健康的要求也存在差异。虚拟助手可从具体情况出发制定对每名用户而言最为适用的健康管理方案，涉及饮食、运动、用药、检查等多个方面。

（3）提高医疗服务效率。借助自动化手段，虚拟助手可更高效地完成医院内日常性质的工作，比如预约、病历管理等，使得医务人员得以将更多的时间投到医疗中，促进医疗服务效率的提升。

（4）降低医疗成本。用户可通过虚拟助手便捷地获取医疗建议和治疗方案，而不必自己前往医院，从而节省时间以及由交通、挂号产生的各项成本。用户在平时也可遵照虚拟助手的指导实施自我健康管理，降低生病频率，从根本上节省医疗支出。

（5）改善患者就医体验。虚拟助手可迅速回应患者的需求，防止医院就诊人员过多导致用户长时间等待，并且虚拟助手给出的医疗建议较为精准，能够有效解决患者的问题。虚拟助手的高效和准确，能够极大提升患者的就医体验。

2. 虚拟助手的应用场景

（1）健康咨询。面对生活节奏的加快和压力的增大，人们开始更多地关注健康问题并进行健康管理。不过，由于医疗信息数量极大且良莠不齐，许多时候人们很难获取到有价值的信息。针对健康管理，比较好的选择是从虚拟助手处获取健康咨询。

Livongo是美国的一家慢性病护理平台，该平台开发了专门面向糖尿病患者的虚拟助手。Livongo虚拟助手根据患者的血糖数据为其定制健康管理方案，包括饮食和运动方面的建议，以及服药的剂量、时间、频率等。该虚拟助手可以在与用户交互的过程中对其产生进一步的了解，掌握其习惯和偏好，从而持续优化健康管理服务的质量。

（2）智能导诊。虚拟助手的智能导诊主要针对医疗资源供应不足的问题，旨在帮助用户更加便捷地获取医疗服务。

在智能导诊领域，英国远程医疗服务公司Babylon开发的虚拟助手是比较有代表性的成果。用户可借助Babylon的虚拟助手完成问诊、检查等医疗服务的预约，同时虚拟助手会根据预约时间向用户发出提醒。除了帮助用户获取医疗服务，Babylon的虚拟助手也能够作出诊断，基于用户症状给出初步诊断结果，用户可以此为参考寻求进一步的治疗。

（3）电子病历管理。作为医疗信息化的产物，电子病历在医疗领域已有较为广泛的应用，不过传统的电子病历在多个方面还有待完善，比如信息间的联通以及数据的利用率，对此可从虚拟助手处寻求帮助。

Epic是美国电子病历领域的龙头企业，该公司开发的虚拟助手有助于提升病历信息的管理效率，辅助完成病历的录入及分析等操作。Epic的虚拟助手可根据患者信息向其发出提醒，引导患者按照预定治疗计划服药和复诊，确保治疗的正常推进。

（4）药物管理。药物在治疗过程中能够发挥关键作用，可以在很大程度上影响最终的治疗效果，虚拟助手可用于药物管理，帮助患者正确用药。

医药创业公司PillPack针对药物管理推出了虚拟助手。PillPack的虚拟助手可基于交互掌握用户在用药方面的各项信息，包括所用药物的种类、剂量以及服药时间，提醒用户按时以正确的剂量服药。虚拟助手的另一项重要功能为监测药物副作用，向用户提供相应的用药建议，尽可能降低药物的负面影响。

二、应用场景2：电子病历

现代医疗中，电子病历的作用非常突出，多项关键的医疗信息都会呈现在电子病历中，包括患者状态、治疗过程、临床结果等，电子病历数据的处理直接关系到医疗的效率和质量。AI兴起后，医疗领域的研究者开始尝试将这一先进技术用于电子病历领域。

通常情况下，电子病历由表5-5的内容组成。

表5-5 电子病历的主要内容

类 别	内 容
患者信息	患者的姓名、出生日期、性别、血型等基本资料
病史记录	患者本人过往的患病记录及其家族病史，也包括患者的过敏情况
临床检验结果	实验室和影像学检验得到的结果
影像学资料	患者接受X光、MRI等各项医学影像检查得到的资料和结果
病理报告	显示病理学研究和检验结果的报告

1. 当前电子病历数据利用现状

（1）数据收集与存储。各医疗机构采用的电子病历系统不尽相同，在系统使用上也并未形成统一的标准，因而给电子病历数据的收集和存储带来了困难。

（2）数据共享与隐私保护。为了更充分地发挥电子病历数据的作用，需进行数据的共享。当前，数据共享面临技术上的阻碍，比如数据格式冲突、互操作性较弱等。另外，在数据共享过程中，还要注意患者隐私的保护。

（3）数据分析与应用。电子病历数据规模极大，采用传统方法分析数据会遇到较大的困难。此条件下，运用AI进行数据分析是比较合理的选择。

2. AI在电子病历中的分析应用

（1）数据结构化。病历数据有多种呈现形式，如文本、图像、音频等，数据形式的不统一给信息提取造成了困难，制约了数据的深度应用。针对此问题，可行的方案是改变传统的数据处理方法，将AI技术引入数据处理，实现电子病历数据的结构化。在数据结构化方面，AI中的自然语言处理作用尤为突出，该技术可用于病历的分析和信息提取，将从病历中得到的患者症状、临床诊断结果等关键信息，以结构化数据的形式呈现出来，表格、数据库等都是比较常见的结构化数据。

（2）多源异构数据的整合与挖掘。医疗实践中的电子病历数据通常有多个来源，比如患者信息由医院提供，检验数据由第三方机构提供。另外，数据在格式、标准、语义等方面也存在差异。电子病历数据多源异构的特质加大了数据整合分析的难度。数据融合技术涉及多项与数据有关的操作，包括集成、转换、一致性处理，AI可运用数据融合技术使多源异构数据在统一视图中得到呈现。数据整合完成后，AI可借助算法进行数据分析，识别数据间的关联，总结存在于数据中的模式和趋势。

基于对多源异构数据的关联分析结果，可以实施精细化的健康管理。比如整合分析病历数据和环境数据，探究环境对疾病的影响，针对特定环境条件形成定制化的健康管理方案，实现对疾病的有效防治。

三、应用场景3：医学影像

在医疗领域，医学影像是一项不可或缺的技术，其提供了绝大部分医疗数据，能够帮助医务人员得到相对准确的诊断结果，进而确定后续的治疗方案。医学影像对于医疗行业的意义无须赘述，不过在数据加速累积和疾病日趋复杂的背景下，医学影像也在准确性和效率方面显现出问题和不足。

针对医学影像存在的问题，AI技术可提供有效的解决方案。AI的引入有助于提升医学影像的使用效率，同时能够借助提取影像中的模式和特征得到更为准确的诊断结果。

（1）提高诊断准确性。AI可运用深度学习等技术对医学影像数据进行深入分析和挖掘，识别并提取隐匿于数据中的模式和特征，进而作出更为精准的疾病诊断。有的病变或许是尚处于早期，或许是本身的隐蔽性较强，使用传统医学影像技术往往很难察觉，而使用AI医学影像辅助诊断就能够发现这些病变的特征或模式，及时采取治疗措施，提高疾病的治愈率。

（2）提高诊断效率。将AI技术应用于医学影像，可实现自动化的影像分析，显著提升数据处理效率。在大规模筛查或是急诊等场景下，医生需在短时间内阅看数目较大的医学影像数据，工作负担较大，数据处理的准确性和诊断效率将受到影响，而使用AI医学影像辅助诊断能很好地应对这类局面，通过自动化医学影像处理可以缓解医生压力，提升诊断效率。

（3）降低漏诊和误诊率。尽管医生具备较高的专业素养，但有时受到疲劳、精神状态不佳等因素的影响，无法准确处理医学影像数据，造成漏诊或误诊，使用AI医学影像辅助诊断可有效避免此类情况的出现。另外，有些疾病本身的复杂程度较高，全面准确的诊断并不是很容易做到，则此时可借助AI技术更加深入地洞察数据，为医生的诊断提供重要支持。

（4）促进医学影像的定量分析。AI技术可用于医学影像的定量分析，得到精确详尽的量化数据，比如病灶的数量、大小等。定量分析结果是诊断和治疗的重要参考。定量指标的作用在疗效评估和预后预测上表现得尤为明显，能为临床决策与治疗提供方向。

四、应用场景 4：疾病筛查

AI是医疗领域科技创新的重要驱动，在提升医疗效率、优化医疗服务方面作用显著。而疾病筛查和预测是AI在医疗领域的主要应用场景之一，在这一场景下AI显现出广阔的发展前景。

在疾病筛查方面，AI可从X光、CT、MRI等各类医学影像中提取病变信息，完成对病变的识别，包括某些极细微、极难察觉的病变。同时，AI也可基于病历、实验室数据等临床数据筛查疾病，为医生的诊断提供参考。

在疾病预测方面，AI可基于分析对象的生活习惯、生活环境、遗传信息等作出预测，判断其是否存在患上某种疾病的可能，或是给出患病的概率。医生可根据AI的疾病预测结果制定健康管理方案，采取预防性的医疗手段，由此实现对疾病的有效防治。

1. AI疾病筛查的数据来源

数据资源是影响AI疾病筛查和预测效果的重要因素。通常情况下，AI进行筛查和预测基于的数据具体见表5-6。

表 5-6　AI 疾病筛查的数据来源

数据来源	主要内容
临床数据	电子病历、根据临床诊断结果出具的诊断报告、手术过程的记录等，属于基础性数据
基因组数据	由基因测序等途径得到的遗传信息，用于分析基因变异情况，完成对遗传性疾病的筛查和预测
行为数据	与个体的起居运动、睡眠、饮食等日常行为有关的数据，可通过个体佩戴在身上的健康监测设备得到，也可以借助应用程序获取
环境数据	包括空气质量、气候、水质等与自然环境相关的数据，以及工作环境、经济条件、生活氛围等与社会环境有关的数据

在以上数据的支撑下，AI将建立起完善的模型，用于疾病的筛查和预测。

2. AI疾病筛查的应用领域

（1）AI辅助皮肤癌诊断。皮肤癌的治疗关键在于早期的筛查，目前在皮肤癌的筛查中，AI的作用非常显著，可借助深度学习算法识别发生于皮肤部位的病变，判定是否存在恶性病变，完成对皮肤癌的辅助诊断。

斯坦福大学的DermNet模型是AI辅助皮肤癌诊断的代表性成果之一，此模型使用接近13万张的皮肤病变图像进行训练，可通过图像准确识别皮肤恶性病变，其作用相当于一位拥有出众专业能力的皮肤科医生。

（2）AI眼部疾病筛查。眼部疾病包括白内障、青光眼、视神经病变等，会造成视力下降甚至失明。将AI引入眼部疾病筛查，有助于尽早发现疾病，从而及时采取治疗措施，更好地保障治疗效果，避免患者视力受到损害或减轻损害程度。

针对视网膜病变，谷歌推出了一款AI模型，并从几千名眼部疾病患者处收集视网膜图像用于模型的训练，该模型可借助图像分析完成糖尿病视网膜病变的筛查，且在准确性上有着较为出色的表现。

对于白内障、青光眼等眼部疾病，AI也可基于图像分析完成疾病的筛查和检验。AI眼部疾病筛查能够兼顾效率和准确性，可在更大范围内推广，提升医疗条件欠发达地区的眼部疾病治疗水平。

（3）AI辅助心脑血管疾病筛查。心脑血管疾病发病率高、死亡率高，由其导致的死亡人数在各种疾病中位于前列。对于心脑血管疾病的防治，尽早发现并治疗是很关键的一点。在心脑血管疾病的防治上，可使用AI技术进行辅助筛查，在深度学习算法的支持下，从心电图、CT、MRI等医学图像中识别心脑血管疾病的有关症状，获取准确的诊断结果。根据AI的筛查和诊断结果，医生确定针对性的治疗方案，以提高心脑血管疾病的治愈率。

五、应用场景 5：医院管理

作为主要的医疗服务机构，医院应持续提升自身的管理水平，改变旧有的管理模式，以适应医疗需求的变化，并与医疗技术的最新进展相匹配。医院管理由医院日常运营、医疗资源管理、医疗质量把控、医疗安全保障等多个环节组成，需针对以上环节制定合理的规划，开展各项协调和组织工作。

在医院管理方面，AI技术能够发挥重要作用，是优化管理的有效工具。具体而言，AI参与医院管理的手段主要有数据分析、决策支持、自动化，具体见表5-7。

表 5-7　AI 参与医院管理的主要手段

手　段	要　点
数据分析	分析对象包括医院运营、医疗、患者等各方面的数据，根据数据分析结果，医院管理者可准确掌握医院的运行现状，总结趋势以及当前存在的问题
决策支持	AI 可在医疗资源、医疗服务质量、患者管理等多个方面起到辅助决策的作用，提升医院管理者的决策水平，在当前条件下合理决策
自动化	医院管理中有许多日常性的工作，比如预约管理、设备维护等，这些工作可借助 AI 实现自动化处理，解放一部分人力，同时提升效率和准确性

在医院运营管理中，AI在以下方面展现其作用。

1. 精细化运营与决策支持

AI可收集患者、财务、医疗资源等各方面的医院数据，据此分析医院的运营现状，发现医院当前的问题或是可改进的地方，以为管理者决策提供参考。举例来说，基于医院的人员流量数据，AI能够得出就诊的高峰期以及就诊人数较多的科室，医院可在这些时段和科室加大医疗资源的供给，保持正常的医疗服务秩序，确保患者的需求得到满足。

根据AI提供的运营数据，管理者可适当调整运营策略，促进资源的合理配置，实现流程的优化，以改善医院的运营状况。

医疗牵涉生命健康，是一个事关重大的领域，与此同时医疗过程又充满了不确定性，因此在医院管理中，经常需要在短时间内找出应对当前局面的最佳解决方案。对此，AI可借助模型和实时数据帮助管理者妥善地应对环境变化，提升医院管理的决策效率，比如针对患者的病情变化及时调整治疗计划，确保达到预期的治疗效果。

2. 成本控制与效率提升

借助AI的自动化功能处理医院的各项日常性工作，比如人力资源管理、设备检查、财务管理等，降低这些工作中人力的参与度，节省一部分人力成本，使医院得以将更多的资源投到医疗工作中。此外，自动化技术在工作的效率和准确性上也具有优势。

在人员安排方面，使用AI技术能够实现智能排班，合理分配医务人员工作量，在综合考虑每个人的技术特长、身体状况、工作习惯等多方面因素的基础上确定排班，在减轻医务人员负担的同时提升工作效率，最大程度优化医疗服务质量。

在医院的财务管理中引入AI技术，执行账单核对等功能，可以及时发现财务环节存在的错漏之处，避免造成不必要的损失。另外，AI还可辅助管理者制定成本管理方案，实现对成本的有效控制，改善医院的财务状况。

3. 患者体验与满意度提升

运用AI分析患者数据，根据其习惯和偏好给出就诊指导，使患者更便捷地获取到需要的医疗服务。另外，针对患者的病情、身体状况、个人需求等，为其定制治疗方案和健康管理计划，使患者尽快恢复到健康状态。

收集患者的反馈信息，根据患者需求优化服务流程，持续提升医疗服务的质量。举例来说，如果患者反映在某个环节的等待时间较长，或者获取某项服务时步骤较为复杂，则医院管理者应着手调整相关流程，以提升患者的就医体验。

监测并分析医疗数据，可以及时发现问题和风险并予以修正，避免造成医疗差错，有效地保障医疗安全，保证患者正常的治疗和康复不受影响，增进患者的信任。

第三节 智能临床决策支持系统的应用

一、临床决策支持系统基本概念

当前，我国正着力推动各领域的高质量发展。就医疗行业而言，医院的信息化建设是一项重要的任务，对于实现医院现代化意义重大。国家卫生健康委员会、国家中医药管理局强调建设智慧医院，以此来评价公立医院的高质量发展情况。

临床决策支持系统（clinical decision support system，CDSS）在智慧医院的建设中起到关键作用，有助于实现医疗服务的高质高效。

1. CDSS的概念与定义

CDSS通过信息化手段为临床决策提供支持，它能够收集并运用各种医疗知识以及临床治疗过程中产生的数据，帮助医务工作者作出合理决策。

1997年，美国斯坦福大学医学院教授、医学信息学专家穆森给出了CDSS的定义，即任何将临床数据作为输入信息，将推论结果作为输出信息，有助于临床医生决策并被用户认为具有“智能性”的软件。从这个定义中，可以提取出有关CDSS核心功能的信息，即数据处理、结果推论、辅助决策。

CDSS旨在弥补医务人员在知识和经验上的不足，针对临床过程中出现的问题发出预警，推动循证医学取得进步，提升医疗水平，减少医疗支出，为患者的安全和利益提供更有力的保障。信息技术在医疗领域的应用不断取得新的进展，对现代医疗体系的构建起到了推动作用，而CDSS则是体系中的一块重要砖瓦。CDSS在实际应用中有多种形式，有时是电子健康记录系统的一部分，有时则是独立应用程序。

2. 全球主流的CDSS

（1）MYCIN。1974年，美国斯坦福大学的爱德华·肖特利夫领导开发了MYCIN，这是一种用于细菌感染性疾病诊断的专家系统，能够帮助医生诊断决策。MYCIN拥有内容较为丰富的知识库，库中包含约600条判别规则，以及1 000条细菌感染的相关知识。系统根据医生输入的患者信息得出诊断结果，并提供相应的处方和治疗建议。

（2）INTERNIST-1。1982年，美国匹兹堡大学的兰多夫·米勒等人研制出了内科疾病辅助诊断系统INTERNIST-1，该系统存储的诊断知识有600余条，记录的临床表现有4 500余种。INTERNIST-1根据患者临床表现提供诊断建议，并参照疾病症状的出现频率和症状，提示疾病存在的力度控制建议强度。后来，INTERNIST-1系统被引入计算机，使用起来更加便捷，这种使用方法也被称为“快速医学参考（quick medical reference，QRM）”。

（3）HELP（health evaluation through logical processing）。20世纪70年代末，美国犹他州盐湖城的后期某医院开发出了HELP，即“逻辑处理健康评估系统”，主要提供医学信息方面的决策支持，是医院信息系统的重要组成部分。HELP系统协助医院开展日常的各项记录和管理工作，比如记录医疗费用、管理药房等。另外，系统还提供医疗决策方面的支持，协助医生完成疾病诊断，设计临床治疗的方案和路径，对患者实施有序管理。

二、CDSS 的起源与演变历程

CDSS运用了计算机技术，同时又属于医学信息学的范畴，因此CDSS的发展与这两个领域的进展密不可分。CDSS的大致发展历程如下：

1. 20世纪60年代：早期探索

20世纪60年代，人们开始尝试将计算机技术引入医疗领域，与医疗决策结合起来。彼时的CDSS主要是专家系统，以现有的规则作为参照，可模拟专家进行医疗决策。

2. 20世纪70年代：专家系统的兴起

进入20世纪70年代后，专家系统发展迅速，其中较有代表性的成果是斯坦福大学开发的MYCIN系统，该系统主要用于感染性疾病的诊断，如败血症、脑膜炎等，同时能够提供相应的建议协助医生开展治疗。

3. 20世纪80年代：知识库和推理机制的发展

20世纪80年代，CDSS的数量有所增加，同时具备了容量更大的知识库和复杂程度更高的推理机制。这一时期的CDSS开始参与临床实践，比如匹兹堡大学研制的INTERNIST-1系统可自主诊断，主要应用于内科疾病领域。

4. 20世纪90年代：集成和网络化

20世纪90年代，互联网已经有了较高的普及度。这一时期的CDSS中引入了网络服务，有效提升了医疗信息的获取难度。另外，该时期的

CDSS开始沿着集成化的方向发展，集成对象包括医院信息系统和电子病历，有助于实时作出与当前情况关联度更高的决策。

5. 21世纪最初10年：数据驱动和循证医学

进入21世纪后，数据驱动成为CDSS的一项显著特征，形成了规模可观的临床数据库，同时循证医学原则得到了强调。这一时期，CDSS的功能有所扩展，除了诊断支持外，还包括药物剂量检测、患者安全预警等。

6. 21世纪第二个10年：AI和机器学习

2010年后，AI和机器学习取得了显著进步，带动CDSS实现了新的发展。大量的数据学习使CDSS得以拥有较过去更为出色的性能，能够在精准预测的基础上，给出更加合理实用的建议。此外，自然语言处理提升了CDSS的数据处理能力。

7. 21世纪第三个10年：个性化医疗和精准医疗

2020年后，CDSS开始侧重于根据患者的具体情况提供个性化医疗服务。通过收集遗传信息等患者数据，CDSS能够给出更为精准的定制化建议，起到更好的治疗效果。这一时期的CDSS设计致力于为用户提供更加优质的体验，促进临床工作流程的高效运转。

综上，CDSS的发展历程可以看作计算机和医疗信息技术发展的一个缩影，同时这样的发展也与需求关系密切，医疗水平的提升离不开更高质量的医疗决策，从这个意义上说，CDSS符合医疗领域的整体发展要求。

三、CDSS的基本组成与分类维度

随着临床数据的不断积累，CDSS应运而生，使得医疗领域的工作和思维模式发生了一定的转变，数据分析在医疗决策中扮演越来越重要的角色。

医院的各个层级和部门都需要进行决策，包括管理层、各个科室以及每名医务人员，决策的质量和效率在很大程度上决定了医院的整体水平和认可度，因此医院需对决策给予充分重视。在医院的所有决策中，医疗方面的决策尤为重要，这会对实际医疗效果产生直接影响，关系到患者能否顺利恢复健康。

医生在临床过程中需要作出检查、诊断、治疗等各个方面的决策，在作决策的过程中医生要运用各种信息和知识，进行各项分析和评估，尽可能作出准确的决策。医疗决策涉及定量化分析问题，需用到相应的定量化分析方法及数据。

1. CDSS的基本组成

CDSS是应用于医学领域的一种专家系统，通常包含五个部分，见表5-8。

表 5-8　CDSS 的基本组成

组成部分	主要内容
医学知识库	整个系统的基础，医疗知识的存储场所，包括医疗案例、操作指南、诊断规则等各种类型的知识
全局数据库	患者相关数据的存储场所，包括患者初始信息、诊断结果、结果推理过程等
推理机	针对当前面临的问题，寻找知识库中适用于全局数据库内容的规则，按照规则对内容进行修改，并由推理得到关于问题的结论
解释器	给出关于推理的解释，向用户展示诊断结果的推导过程
人机接口	为系统与用户之间的对话提供场所

2. CDSS的分类维度

临床决策支持系统可以按五个维度进行分类，如图5-4所示。

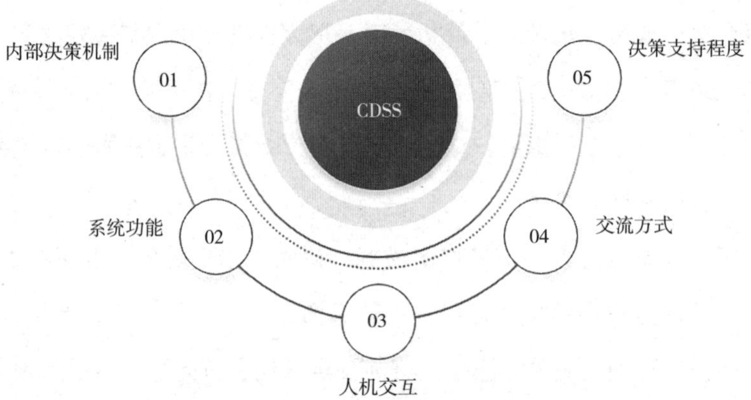

图5-4 CDSS的分类维度

（1）内部决策机制。在实际决策中，需根据决策需求选择知识表示方式，而内部知识表示方式决定了内部决策机制。比如，有的决策支持系统基于患者的症状和体征作出决策，通过概率的形式呈现出症状与疾病之间的关联，基于贝叶斯定理的方法即属于这一类决策方法。基于规则的决策支持系统会向医生提供行动指导，如事件监视器，该系统参照预先确定的规则监视病人情况，规则中规定了特定条件下应采取的行动，当条件出现时通过相应行动对诊断或治疗起到支持作用。

（2）系统功能。按照系统功能可将CDSS分为两类：第一类系统协助医生作出正确判断，比如得出正确的临床诊断结果；第二类系统向医生提供有关下一步行动的建议，比如接下来是用药还是做手术。

（3）人机交互。人机交互决定了系统能否成为医生工作流程的一部分。MYCIN系统等早期的CDSS并未融入医生的工作流程，因此医生在向系统求助时需要先输入患者信息，随后才能获取到决策支持，而这一步骤完全可以省略。如今的CDSS已经融合进了医生工作流程，医生可以随时获取系统提供的决策支持，无须额外操作，比如事件监视器能够在发现异常情况时自动发出预警。

（4）交流方式。CDSS的交流方式有顾问式和批评式两种，见表5-9。

表5-9　CDSS的交流方式

方　式	要　点
顾问式	通过与医生之间的频繁交互获取到决策所需信息，据此给出决策建议
批评式	预先确定决策建议，将此建议与医生的决策相比照。如果两者不一致，则将建议给到医生

（5）决策支持程度。有的CDSS并不提供决策建议，只提供决策所需信息，由医生参照信息进行决策，这类系统属于间接的决策支持系统。与之相对的是直接的决策支持系统，两者的决策支持程度不同。之前提到的系统大多为直接类型的系统，间接类型的系统有在线式知识库等。

四、CDSS的落地场景与路径

CDSS经过了大量数据的学习，用到多种模型和算法，具备优秀的智能化水平，可对预测、诊断、治疗等各个医疗环节的决策起到支持作用，帮助医务人员有效处理和应对各种疾病。

在所有环节中，诊断的重要性不言而喻，如果不能做到准确诊断，则后续的治疗以及最终的治愈都无从谈起，而疾病诊断本身是一项极为复杂、难度极大的任务。目前，存在的疾病种类超过10 000种，与此同时已发现的人类症状仅有200余种，这意味着仅凭症状很难准确判定疾病的种类，而同一种疾病在不同个体上呈现出的症状有时也会存在差异。

此外，目前学术界对疾病的研究还有待深入，医学教科书上只介绍了约1 000种疾病，并且许多疾病的信息不够充足，只包括典型症状的描述。疾病诊断的困难程度使医生无法保证诊断的准确性，当前诊断方面的具体问题见表5-10。

表5-10 疾病诊断的具体问题表现层面

层 面	内 容
疾病层面	疾病种类多，对疾病的研究和掌握不足，罕见病和疑难杂症的诊断尤其棘手
患者层面	除了同一疾病在不同个体中的症状差异外，有的患者由于自身表达能力、疾病特点等原因无法准确地描述症状，为诊断增添了困难
医生层面	有的医生工作时间不长，知识和经验有待积累，况且即使是能力最强、经验最丰富的医生，在疾病诊断方面也会有知识盲区；另外，由于医疗资源有限，医生经常要承担大量的工作，分配到疾病诊断上的时间和精力不足
组织层面	电子病历系统有待进一步完善，疾病诊断的多学科协作受阻

针对当前诊断方面存在的问题，有效的方案是引入智能化工具，提升诊断的效率和准确性，CDSS就是在这样的背景下出现的。在设计CDSS时，要做到“五个正确”，除了信息本身正确外，还要保证信息传递时间、信息形式、信息传播渠道、信息接受对象的正确。诊断类CDSS的可诊断范围非常广阔，能够完成数千种疾病的诊断，这意味着绝大多数患者都能够通过诊断类CDSS获取到关于自己疾病的准确诊断结果。

1. 临床路径设计与优化

智能化CDSS运用了先进的算法，它通过采集大量的医疗数据进行模型训练，具备作出医疗决策的能力，并且能够根据反馈对决策进行优化。临床路径设计所需的数据来自病历、检查数据等，CDSS需整合各个来源的数据并完成数据的标准化，参考过往病例、医学规则与指南、实时研究进展等设计临床路径，对治疗起到辅助作用。

智能化CDSS还可用于病情监测。当患者出现异常时立即发出预警，使医务人员得以第一时间采取措施，通过及时治疗有力地保障患者的安全。

2. 智能化医学影像学诊断

过去，MRI等医学图像的识别由人工来完成，识别准确性很大程度上取决于医生的专业能力。然而，任何医生都无法保证识别结果不出现问题。所以，需要对识别方法实施改进，提升结果的准确度。

近些年，智能化CDSS开始应用于医学影像学，基于深度学习技术，可实现对X光、MRI、CT等多种医学图像的识别分析，使医生得以获取到更为可靠的识别结果，进而提升诊断的准确性。

AI开启了医学影像学诊断的新篇章，在智能化技术的作用下，CDSS具备了出色的数据提取和影像分析能力，可以迅速从影像数据中提取目标特征，准确地完成病灶识别，为医生的诊断和治疗提供重要的决策参考，提升医生的工作效率和决策准确性。

医学影像学诊断的智能化主要依靠图像识别、深度学习和机器学习算法来实现，见表5-11。

表 5-11　医学影像学诊断的智能化实现方式

实现方式	主要内容
图像识别	图像识别技术可用于收集患者信息，以此为参照分析患者组织图像，并在重点位置进行标注，便于医生快速提取图像关键信息
深度学习和机器学习算法	深度学习具备自动从数据中提取特征的能力，可用于提升医学图像特征提取的效率和准确度。运用医学影像和诊断数据开展训练，对高维特征实施分析，发现特征间存在的关联，由此可通过定性和定量的方式评估病情，提升诊断的效率和准确性，为后续的治疗提供良好基础

3. 罕见病的辅助诊断

罕见病的主要特点是发病率极低，没有太多的过往病例和数据可供参考，多数医务人员对这类疾病认知和经验不足。罕见病的患病人数少，但种类又比较多，并且在很多时候呈现出复杂的病情。以上种种因素使得罕见病诊断成为一项难度极高的工作。

由罕见病的特殊性所决定，通常情况下罕见病的辅助诊断不会被纳入临床工作流程，而是有一个单独的系统。目前，主要的罕见病辅助系统有基于知识库、基于机器学习、基于病历检索三类。

近些年，罕见病诊断的研究取得了一定的进展，借助病历检索、知识库、机器学习、数据挖掘等多种方法，研究者发现了更多罕见病与表型、基因之间的联系，并且实现了研究成果的应用转化，推出了具备可用性的智能化诊断工具，帮助医生作出更加合理准确的诊断决策。

基于知识库的罕见病辅助诊断系统已具备较高的成熟度，收录了全部类型的罕见病，能够在罕见病的预测、筛查和诊断方面提供有效的帮助，同时这类系统的获取非常便捷，多数都可通过互联网直接访问。电子病历持续累积为基于数据挖掘的CDSS的出现创造了条件，不过这类CDSS还有待进一步完善，在可解释性方面有着较为明显的不足。另外，其适应范围比较窄，多数是针对少数罕见病诊断的专门系统，当前阶段也难以通过互联网便捷地获取。

第六章

智慧金融

第一节 生成式 AI 赋能金融服务创新

一、生成式 AI 重塑金融产业新格局

随着数字化技术在各行各业的加速渗透，生成式人工智能（generative artificial intelligence，GAI）技术成为金融科技中新的动力引擎。该技术使用海量数据对模型进行训练，使模型具备像人一样的分析、思考与决策能力，并能够自动输出与外部条件相吻合的最优决策结果，有效提升金融产品和服务对各种用户需求的响应速度，保证决策的科学性和安全性，实现精细化服务。此外，生成式AI的使用还能够进一步挖掘数据价值，实现对资源的整合与优化配置，成为现代化经济体系建立过程中的重要支撑性技术。

作为实现生产力跃迁的重要技术阶梯，生成式AI的突出优势在于其能够充分利用数字化时代产生的海量数据资源，在对数据进行分析的基础上模拟人脑进行思考与决策，从而结合市场环境与用户需求创造出有革新意义的金融产品与服务模式。

1. 生成式AI的基本概念

生成式AI，指具有“涌现”能力的AI系统，即在训练后能够自主创造新的内容、解决方案以及数据。相较于传统的判别式AI，生成式AI的工作不再局限于对于已知数据的判别与分析，而是能够基于特定原则与需求生成新的数据。同时，此类型的AI对模型的要求较高，所依靠的机器学习模型往往拥有较高的复杂度，常见的模型包括生成对抗网络和变分自编码器，以及OpenAI的GPT系列语言模型等。

常见的生成式AI核心技术包括深度学习、自然语言处理、大数据处理、计算机视觉神经网络等。其中，大语言模型和大数据模型是生成式AI中的核心技术。这些技术的独特之处在于能够通过训练充分对海量数据进行挖掘、学习，从而形成涌现能力，最终实现对文本、图像等多种信息的分析乃至创造。

这些技术之间彼此又可划分为不同的功能层，如深度学习和神经网络主要作为底层支撑负责海量多源异构数据的分析，NLP、计算机视觉等技术则在此基础之上进一步作为具有强指向性的细分功能负责解决各类专业性问题，而大数据技术则专门用于AI模型的性能提升，使之具有更好的泛化能力。

2. 生成式AI与金融服务的融合

生成式语言模型（ChatGPT和BingGPT均属于此类模型）能够经过一定的学习后根据指令进行文本生成，所生成的文本与人类创作的文本具有高相似度，可以成为金融领域的重要财务文书创作辅助工具。除了帮助相关从业人员提升工作效率以外，其拥有的规律总结能力还能够进一步帮助金融决策者实现对市场的深度洞察，提升金融战略决策的科学性与决策高度，使复杂的金融工作化繁为简，同时推动该领域自然语言处理技术的发展。

（1）加速新产品与服务开发。

以摩根大通为例，该银行将生成式AI引入新产品与服务的开发当中，从而设计出一种个性化的投资辅助工具。该工具的突出优势在于其良好的市场实时分析与定制化策略生成能力，能够迅速生成与用户需求相匹配的投资方案，从而能够兼顾用户的多种需求，提升了对用户的服务深度。

此外，生成式AI还能够对市场发展进行建模，从而实现市场发展预测，更好地帮助机构挖掘潜力项目，从而打造具有高增长能力的金融业务矩阵。

（2）推动个性化用户服务。

通过使用海量客户数据对生成式AI进行训练，能够使生成式AI发展出客户咨询响应能力，从而为用户提供一对一的智能问题解答服务。

以美国银行的Erica为例，作为以AI技术为支撑的虚拟财务助手，其能够通过对客户资产数据与历史行为数据的学习，有针对性地辅助用户进行财务管理与决策。此外，Erica还能作为管家帮助用户执行具体的交易、支付等金融行动，并能够自动识别用户财务管理过程中遇到的问题，推送解决方案。通过引入Erica，美国银行进一步提升了与用户的交互能力，增强了客户黏性。

（3）强化金融风险管理和合规运营。

金融机构引入AI算法实现对历史交易与用户行为的深度认知，能够更加高效地对各类业务进行风险评估，及时对高风险业务进行介入，从而提升业务安全系数，避免不必要的损失。此外，生成式AI还能帮助金融机构更好地适应各类复杂的监管要求，通过对相关政策文件的学习，综合市场数据以及机构金融战略目标等各类因素，提供科学合规的经营建议，减少因决策者主观局限性而导致的监管风险。

二、生成式 AI 在金融服务领域的应用优势

随着我国现代化经济体系建设进程的加快，新质生产力成为新的发展引擎，其本质是通过创新实现技术进步与生产力跃迁。作为新质生产力发展的支撑性技术，生成式AI在社会主义现代化强国的建设中将发挥关键作用。

生成式AI是孕育金融服务创新的技术土壤，通过为各种金融业务

高效赋能，使金融机构能够更好地面对金融市场中的风险与挑战，进行产品与模式创新，从而实现行业整体服务能力的提升，进一步激发行业发展的潜力，为我国经济的高端化、现代化发展奠定基础。

数字化转型和科技赋能是进一步释放金融行业发展潜力，实现金融产业价值再创造的核心手段。金融创新通过发挥数据在金融活动中的重要价值，创新行业服务模式，构建新的行业发展体系，实现生产力的提升。通过前沿技术与金融行业的深度融合，能够进一步优化全社会的资产配置，通过要素生产率的提升带动生产力的进步，从而为各类经济注入新的活力，实现整体经济发展层级的上升。

1. 提升金融服务效率和质量

生成式AI能够有效实现金融行业的提质增效，通过引入数字化与智能化技术，生成式AI实现了金融业务处理从人工办理到终端自动化服务的过渡，使金融服务更准、更快、更便捷。

以摩根大通为例，通过将AI技术引到其贷款审批业务中，能够迅速通过AI实现客户、用户的调取、分析与精准核验，将审批时间由数小时乃至数天缩短至几分钟，提升审批速度的同时也优化了用户体验。

此外，在深度学习算法的支撑下，生成式AI能够辅助决策者作出最符合市场环境、能够实现利益最大化的投资决策，BlackRock的Aladdin平台就能够针对用户个人资产情况提供最优投资方案，从而帮助其降低风险、提高收益。

2. 促进金融市场的深化和扩展

凭借出色的规律总结与市场洞察能力，生成式AI能够帮助金融机构更好地避开投资陷阱，发掘金融蓝海。

以华泰证券为例，作为国内领先的科技驱动型证券集团，该企业利用AI技术处理包括历史交易数据、新闻、社交媒体信息等在内的海量市场数据，识别潜在的市场趋势和投资机会；利用NLP技术分析新闻、研究报告和社交媒体内容，从中提取关键信息，辅助投资决策；并基于机器学习构建预测模型，分析市场走势和个股表现，帮助投资者作出更精准的决策。

AI技术在企业市场分析中的应用，不仅进一步细化了机构对市场监测的颗粒度，还提升了机构市场适应性与灵敏性。

此外，AI技术的引入还催生了新的金融业态与金融模式，如通过对海量用户数据的深度学习，金融机构能够进一步提供精细化、个性化的金融产品和服务。如以AI为支撑的个性化理财服务，能够结合用户实际提供与用户适配的服务，从而满足用户多样化的金融需求。

3. 优化金融机构运营模式

从金融机构运营模式的角度看，生成式AI的应用进一步提升了运营过程中对各个业务环节的统筹能力以及对资源的整合配置能力。以中国银行为例，通过AI技术辅助进行内部运营流程的革新，引入了智能化文档处理工具与客户自主服务系统，从而重塑了整个银行服务体系。

此外，生成式AI还进一步提升了金融机构对于市场风险的敏锐度，提升了其对市场变化的响应能力。以招商银行为例，通过AI系统作为交易业务的核查工具，成功实现了对高风险业务的筛除与阻截，降低了业务风险系数。这些应用既帮助金融机构实现了业务拓展与质量提升，同时也成为其可靠的安全保障。

以汇丰银行为例，在使用大量历史交易和客户行为对生成式AI进行训练的基础上，其反洗钱（AML）和欺诈系统的工作效能得到了大幅提高。基于对相关数据的学习，生成式AI能够对关联信息进行识别分析，从而降低欺诈行为和洗钱活动识别的错漏率，进一步提升了监测的有效性和精准性。此外，生成式AI的学习功能使该系统能够在新的诈骗手段或监管要求出现后，第一时间对其进行研究分析，制定出有效应对方案，进一步提升了银行业务的规范性。

三、产品创新：满足用户多元化需求

生成式AI已成为金融产品创新、金融服务精细化、金融业态多元化发展的重要技术支撑，见表6-1。以这一技术为基础，金融机构推出了一系列具有高针对性、高灵活性的金融产品，如专属投资组合与个性化顾问等。这些创新产品的推出，能够有效提升金融机构与用户的交互能力，提升金融服务对用户需求的覆盖能力。

表6-1　生成式AI在金融产品创新中的应用案例

公司名称	应用类型	技术应用描述	成效展示
Betterment	投资管理服务	利用生成式AI分析客户的财务状况、投资目标和风险偏好，生成定制化投资策略和组合	提升投资管理的灵活性和个性化程度，满足个性化投资需求，提高客户满意度
蚂蚁金服	信贷服务	通过AI分析用户的消费行为、信用历史等数据，生成个性化的信贷产品方案，如“花呗”和“借呗”	提高金融服务的可访问性，精准风险评估，降低信贷风险
ZestFinance	信用评分模型	利用机器学习技术分析传统评分模型未覆盖的非结构化数据，生成更精确的信用评分	提升信用评分的精确性和公平性，帮助更多用户获得贷款机会
Upstart	贷款审批	使用AI模型考虑教育、工作、历史等因素，以预测信用风险和借款人的偿还能力，生成个性化的贷款批准决策	提供更广泛的贷款审批标准，包括传统银行系统不容易考量的因素，扩大服务覆盖面
Wealthfront	个性化理财	使用AI进行大数据分析，生成个性化的财务规划和资产分配建议，自动进行资产再平衡	为用户提供个性化的理财建议，优化投资组合，简化用户的投资过程
Credit Karma	信用和财务管理	结合AI与大数据分析，为用户提供个性化的信用改善建议、贷款和信用卡选择	帮助用户优化财务状况，提供定制化金融解决方案，提高财务健康度

举例而言，贝塔斯曼资产管理公司就通过生成式AI的引入成功提升了对客户服务的精细程度——其推出的投资组合管理服务能够综合考虑市场趋势、风险系数、客户投资计划等因素，选出客户当前财务能力范围内风险最小、利润最大的投资产品组合。这一服务极大地帮助客户节省了时间和精力，同时其所提供的投资方案又能够契合客户的认知，优化了客户体验，无形中提升了客户对公司的认同感与忠诚度。

在实际操作中，客户通过终端输入其投资期待信息，包括满意回报率、投资期限、是否接受衍生信贷产品等。随后，通过对用户授权的财务信息以及市场实时数据、预测数据的分析，生成式AI将生成一份最优的投资组合方案。这一服务既考虑了用户的多元需求，同时也兼顾了市场对投资的影响，具有较强的灵活性与适应性，帮助用户实现高收益、低风险投资的同时，也实现了金融服务的“提质增效”。

在个性化信贷产品方面，阿里旗下金融品牌蚂蚁推出的“花呗”和“借呗”，提供了生成式AI成功应用的又一典型。这两个金融产品通过生成式AI对用户资产情况、征信情况、行为数据等进行学习，从而对每一位用户进行画像，生成与用户偿还能力、消费习惯相适应的信贷产品，其设计精细化到具体的额度与利率。这种个性化的信贷服务在提升金融服务可得性的同时也将每个个体的信贷风险控制在一定范围内，避免金融企业出现不必要的损失。

上述金融产品的成功开发与应用，都直观呈现出了生成式AI在帮助金融机构灵活适应市场、顺应金融服务多样化与数字化趋势等方面发挥的突出作用。通过不断加深生成式AI对金融业务的渗透程度，尝试更多的技术应用方式，金融机构不仅为用户提供了更加优质的金融服务，同时也实现了金融产品与模式的创新，拓展了金融服务对用户的作用范围。随着技术的革新与新需求、新场景的增加，生成式AI将推动金融行业进一步走向繁荣，加快金融行业向现代化、高端化发展。

四、效率优化：提升客户服务满意度

生成式AI在降低金融服务成本、提升服务质量与效能方面表现优异，尤其是在进行信用信息核查、风险识别以及智能客户交互等领域，通过对数据的开发与利用有效实现了流程与环节的精细化，降低了人工与时间成本，缩短了决策时间，提升了决策科学性，实现了金融服务效率的全方位提升，见表6-2。

表6-2 生成式AI在提升金融服务效率中的应用案例

公司名称	应用类型	技术应用描述	成效展示
Upstart	信用评估	使用生成式AI分析教育背景、工作经历及非结构化数据，评估借款人信用风险	提高信用评估准确性，扩大信贷覆盖面，加快贷款审批速度
摩根大通	风险管理	LOXM程序利用AI优化股票交易执行，通过分析交易数据预测市场条件，自动化执行交易	提升交易效率，降低市场影响和成本，有效管理市场风险
邮储银行	客户服务	“小邮”智能客服使用生成式AI进行“24×7”小时客户支持，处理查询和交易请求，具备自然语言处理能力	提升服务效率和客户满意度，减少人力成本
汇丰银行	反洗钱监测	利用AI技术增强交易监测系统，自动识别可疑活动，提升洗钱行为的检测率	加快交易监控速度，提高检测准确性，降低合规风险
高盛	资产管理	AI算法用于自动化资产管理决策，分析大数据优化投资策略，自动调整资产配置	提升资产管理的响应速度和策略执行质量，提高投资回报
美国运通	客户信用评分	AI模型分析个人消费行为和支付历史，自动更新信用评分，并预测未来信用行为	提高信用评分系统的动态性和预测精确性，优化信贷决策

在信用评估方面，美国金融科技公司Upstart提供了良好的成功案例。Upstart将生成式AI作为客户信用评估业务中的辅助工具，实现了对用户学历、履历、消费行为以及其他金融信息等一系列多源异构数据的分析，形成客观全面的借款人信用报告作为信贷决策依据。这一方法扩充了信用评估的维度，既提升了评估的准确性与客观性，同时让更多历史信用不足但实际具有贷款条件的人能够进行贷款。通过AI信贷模型的引入，Upstart提高了信贷业务办理效率，有效降低了信贷风险，同时进一步促进了信贷公平。

在风险管理领域，摩根大通LOXM程序的应用同样取得了成功。通过在程序内部植入生成式AI，LOXM能够依据市场规定与投资期望自动执行股票交易，通过学习过往交易数据与市场行为，该程序会生成最优的交易执行策略，将交易造成的市场波动与所产生的成本控制在最小范围内。通过这一程序的运用，股票交易更为科学、规范与智能，实现了质量与效益的双提升。同时，增强了摩根大通的市场监控能力与风险反应能力。

在自动化客户服务方面，邮储银行率先进行探索，开发了基于生成式AI的新型智能客服"小邮"。作为具有超长待机时间与强语义理解能力的AI客服，"小邮"能够实现"整周7天在线，全天24小时响应"，实现了邮储银行服务覆盖时间的最大化；在工作过程中，"小邮"能够快速对各种数据和请求作出反应，并能够深度分析客户语义，通过对用户行为的学习选择让用户感到愉悦的响应方式，实现了"双商在线"，既优化了用户的体验，也解决了人工客服成本高、服务时间有限、易出现主观错误的问题。

上述案例展示了生成式AI如何凭借自主学习、高效分析的能力赋能金融业务，实现金融业务与决策的提质增效。随着AI技术不断地迭代升级，越来越多的金融业务辅助工具将被开发出来，进一步释放金融行业潜力，实现全行业整体水平的提升。

五、预测分析：助力金融决策科学化

在金融行业中，深入挖掘市场信息，洞察市场规律，把握市场发展趋势是实现高水平金融决策的关键，而当前生成式AI正在金融市场预测与分析中扮演着越来越重要的角色。通过生成式AI的应用，金融机构能够提升自身市场信息捕捉与规律总结能力，并以此为依据制定投资方案，保证决策的科学性与有效性。

以高盛公司为例，通过使用生成式AI进行历史交易信息和市场指标数据的处理，能够更好地预测下一阶段的市场投资风向，同时抓住投资机遇。通过对大规模的多渠道数据（财经报道、平台数据、经济报告）进行收集和分析，该程序能够对特定资产的价格变化进行建模，为决策者提供科学参考。这种深度学习模型的应用既安全可靠，同时缩短了决策周期，使之能够更好地跟上市场形势。

此外，致力于提供算法交易解决方案的Quant Connect也在生成式AI模型的应用方面提供了良好典范。该公司允许投资者将生成式AI模型作为投资算法生成工具，以此提升投资者的市场信息获取与风险判断能力。

通过将不同的市场情景投射进数字空间，生成式AI帮助用户更加直观地认识市场发展走势，从而实现了对市场的深度剖析，促进了市场分析的拓深发展。此外，其提供的智能决策建议能够拓宽用户的投资思路，为投资者带来新的策略灵感，见表6-3。

表 6-3　生成式 AI 在金融市场预测与分析中的应用案例

公司 / 机构名称	应用领域	技术应用描述	成效展示
高盛	市场趋势分析	利用生成式 AI 分析历史交易数据和市场指标，识别市场趋势和交易机会	提高市场分析的准确性，加快决策过程
QuantConnect	算法交易	提供平台让用户使用生成式 AI 模型创建和测试交易算法，基于历史和实时市场数据生成投资策略	扩展分析深度和广度，增强投资者的决策支持
中国平安	风险评估与管理	利用 AI 对海量数据进行深入分析，预测保险业务中的风险和欺诈行为，改善风险管理策略	提高风险管理效率，降低欺诈发生率
京东金融	消费者信贷评分	使用 AI 模型分析消费者行为和购买模式，对消费者信用进行动态评分，并提供个性化的信贷产品	提高信贷审批的效率和精度，优化信贷资源分配
招商银行	投资建议生成	通过 AI 技术分析大量经济数据和市场走势，为客户生成定制化的投资建议，帮助客户作出更合理的资产配置	增强客户服务质量，提升投资决策的科学性

生成式AI在金融市场预测与分析中的应用所产生的影响是深刻而长远的，其主要表现在两个方面：第一，通过对各类数据的深层次学习，其实现了市场分析的横向扩宽与纵向拓深，提升了金融机构对市场的认知能力，从而降低了“黑天鹅”事件的发生概率；第二，通过自动化的风险监控与智能化的投资建议推送，让投资者能够获得更高的回报利润，同时将风险控制在最小范围内。随着生成式AI的不断进步与推广，其将为整个金融行业的发展创造更大的价值。

六、普惠金融：增强金融服务包容性

生成式AI在促进金融公平、提高金融可获得性等方面的作用也越来越突出，见表6-4。该技术通过数据分析实现客户细分，从而实现金融业务的定向性，提高风险管理的针对性，使得金融服务能够惠及更多有需要的人群。

表 6-4 生成式 AI 在普惠金融中的应用案例

公司 / 机构名称	应用描述	成效展示
Paytm	利用 AI 提供支付、信贷、保险和投资等金融服务，尤其是在印度乡村地区通过移动平台提高金融服务覆盖范围	提高金融服务的覆盖范围和便捷性，促进金融包容性
Safaricom	M-Pesa 服务利用 AI 技术提供基于手机的转账和信贷评分服务，使得小微企业主和个体经营者能够获得小额信贷	提高金融服务普及率，促进当地经济发展和金融包容性
蚂蚁金服	通过 AI 技术分析用户数据，为用户提供个性化的金融产品和服务，如微贷和保险产品，尤其针对边远地区和小微企业	扩大金融服务覆盖，提供个性化金融解决方案，增强金融包容性
微众银行	利用 AI 技术在贷款审批和风险管理中实现自动化，尤其是为中小企业和个人提供快速的信贷服务	加快贷款审批流程，降低服务成本，提供更广泛的金融服务
LenddoEFL	使用 AI 和机器学习技术基于非传统数据（如手机使用数据）评估信用风险，为全球未银行化人群提供信贷机会	提高未银行化人群的金融服务可访问性，支持金融包容性的全球发展
Kabbage	该公司使用 AI 分析企业的实时数据，如交易、流水账和社交媒体活动，以提供即时的信贷决策和资金	改善小型企业的融资可及性，通过自动化提升信贷审批效率和精确性

在促进金融包容性方面，印度的Paytm是最具代表性的案例，作为一个融支付、信贷、投资理财产品、保险服务于一体的综合性金融服务平台，该平台通过AI技术完成其多元服务的区域性供给。尤其是在一些经济欠发达、金融基础设施较落后的偏远乡村地区，Paytm通过开发能够使用移动终端进行访问的平台，使这些地区的居民通过终端设备享受

到这些服务，进一步延展了金融行业的服务辐射范围，提高了金融可获得性。此外，Paytm的AI系统能够通过对用户行为的学习，智能推送符合用户金融诉求的金融产品，在用户的金融行为中扮演着重要的决策助手与专业顾问的角色。

在非洲，Safaricom的M-Pesa服务同样有着极强的说服力，作为一个依托于手机终端的货币转账与微型融资服务平台，M-Pesa将生成式AI作为重要的信贷业务资质评估工具。该工具能够对用户的资产、交易、消费等数据进行分析，进行风险研判，对提出信贷请求的用户进行评级评分。这一程序的引入成功使信贷服务覆盖到了那些在传统银行系统中难以通过一般流程进行贷款的用户，尤其是那些小微企业经营者与个体经营者。在M-Pesa的服务下，当地的信贷服务覆盖率大大提升，对进一步优化当地资源配置、提升经济发展活力起到了积极作用。

实践表明，生成式AI通过人群细分、服务定向，降低了金融服务的访问难度，实现了金融服务辐射范围的延展。尤其是对于一些经济发展水平较低的区域，生成式AI通过其数字化、智能化、自动化特性，实现了金融服务对这类区域居民的触达，使得金融服务更加包容、能够惠及更多用户。随着技术的不断进步，生成式AI将成为金融服务全球性覆盖的重要驱动。

第二节　生成式 AI 在金融领域应用的实践对策

一、技术层面：优化数据治理透明度

当前，生成式AI面临的最大难题在于海量优质数据集的供给，一

则由于我国法律规定，部分数据获取难度较大；二则数据的收集、使用过程中可能会产生数据安全问题，因此需要政府和企业共同构建数据资源应用友好的行业环境，同时加强数据安全保护。此外，生成式AI系统的运算过程难以从外部直接观察，监控难度较大，对于一些解释性与透明性要求较高的领域而言可能会形成灰色解释区域，从而引起纠纷。因此，需要加强AI决策运算过程的可溯性，提升AI行为的探究能力。

在数字经济大背景下，金融服务行业既面临各种数据风险的冲击，也被数字化技术赋予了无限的可能，尤其是随着生成式AI与经济发展的结合愈加紧密，为金融机构提供了产品、服务与业态创新的新契机，在此情形下，生成式AI的利用问题成为金融机构重点探讨的关键课题。

面对生成式AI在金融业务应用中存在的技术难点与痛点，金融机构应从多方面入手提升技术的可解释性与应用效率。

（1）构建科学规范的数据监管框架。从数据全生命周期角度入手规范数据的利用行为，不断细化数据采集、存储等相关标准，引导相关机构通过技术手段对数据进行脱敏以及匿名化处理，确保数据依法依规使用。此外，针对生成式AI决策的不可监控、不可解释问题，需进一步在开发过程中提升模型的透明性，引入LIME或SHAP等工具进行模型决策辅助解释，使AI决策可视、可溯、可理解。

（2）探索特殊数据的替代性解决方案。金融机构在进行模型训练过程中，应积极探索真实隐私数据的替代性解决方案，如引入合成数据等，在保证模型性能优化的同时，借助生成对抗网络（GANs）等技术进行训练数据供给。为了确保AI系统能够始终紧跟外部市场需求，需要建立安全、完善的模型研判与升级制度，如定期对AI模型展开测试、在市场意见指导下进行模型的新版本开发等，同时对各次的版本变更进行存档，以备日后追溯。

（3）强化多领域联动与资源共享机制。建立深度的校企政科合作关系，推动各关联领域的资源整合、信息共享与工作配合，共同发力推动生成式AI的技术进步与应用推广。通过与科技公司合作，能够进一步有针对性地解决金融行业发展中遭遇的技术性难题；与学校和科研机构合作，能够把握前沿性基础发展的方向，更好地通过基础学科的推进为生成式AI的突破性创新奠定基础；通过与政府机构进行合作，则能够进一步从社会层面上加快金融数字化进程，提升数字化金融产品的社会接受度，同时为AI模型决策争取良好的政策与设施环境，如颁布专门的针对性法律法规、打造公共金融数据查询平台等。多方施策，将助力金融行业攻克技术难关，实现全行业进步。

二、伦理层面：提升 AI 决策的规范性

伦理问题主要包括AI决策可能造成的隐私安全以及结果倾斜问题，这一问题产生的根本原因在于当前缺乏有效的AI决策规范性标准。AI决策建立在对大量数据的分析与学习基础之上，这个过程中有可能会出现操作与程序漏洞导致一些隐私数据的泄露。此外，如果提供的训练数据存在公允性问题，则可能造成决策结果向某一群体倾斜，而导致其他群体利益受损，使AI系统成为某些群体的牟利工具。因此，金融机构应从伦理角度思考AI的训练以及使用规范问题。

针对生成式AI在金融服务中存在的伦理性与公平性问题，尤其是隐私安全和处理结果倾斜问题，金融机构需要从四个方面提供切实可行的解决方案：

（1）推动各类数据保护技术在金融数据处理中的应用，通过数据脱敏、数据加密、匿名化处理等手段，从技术角度减少隐私泄露漏洞。同

时，构建严格、规范的数据管理与权限认证体系，确保数据各应用环节的合法合规，尊重用户对自身数据的知情权与处理权。

（2）加强AI模型监测与监督，及时对出现的偏见进行修正，定期对AI训练数据集进行审查，保证其代表性与客观性，引入敏感性分析技术对决策结果进行再验证以过滤偏见。此外，设立专门的AI伦理监督委员会专门对特定的伦理问题进行研判，同时兼有对AI项目各环节进行监督审查的权力，实现AI伦理问题的前向预防。

（3）加强AI伦理知识普及与教育，提升员工AI伦理认知，使之能够自觉在平常工作中规避AI伦理风险，同时提升AI伦理问题应对能力。

（4）与政府、技术协会、科研机构等关联部门展开合作，从政策法规、学理研究、技术发展等角度探讨AI伦理问题的解决方案，制定具有普遍指导意义的技术伦理标准。

通过上述措施，将有效解决AI应用中面临的伦理与公平问题。

三、监管层面：构筑金融安全防火墙

随着生成式AI与金融业务的结合度不断提高，将会促进当前的金融监管体系进行升级，监管机构需要进行规则革新以确保与当前的金融发展现实相适应，寻求金融行业进步与各类风险方案之间的平衡。具体包括评估金融产品的可靠性与可解释性、实时掌控AI引入机构的各类行为，这无疑有一定的压力。因此，需要相关部门从技术、制度、体系等多个角度进行研判，全面提升监管能力，同时加强国际监管体系构建，防范数据跨境与金融全球化所带来的安全风险。

随着生成式AI对金融服务领域的渗透程度不断加深，其在智能化客户交互、风险识别与市场分析方面都举足轻重。在此过程中，关键是加强金融机构、科技公司以及监管机构之间的协作与配合，做好沟通协调，具体应从四个方面入手：

（1）金融机构应树立主人翁意识，承担主体责任，主动与监管部门建立沟通链接。可以通过定期召开研讨会和交流会、派驻员工学习、进行主管负责人座谈等方式，及时与监管部门进行信息交换，获取一手规定与政策信息，同时也能够及时地向监管者提供行业信息辅助其进行管理更新，建立起以信息为桥梁的双向互动渠道，在彼此的良性沟通中实现行业与制度的共同进步。

（2）充分重视科技公司作为技术供给者在AI技术应用中发挥的重要作用，与科技公司的对话能够更好地提升监管机构对于技术的认知，从而制定出适切性更强的AI技术监管方案，为监管部门的技术风险评估等工作提供专业的技术依据。通过促进科技公司与监管机构之间的交流沟通，有助于所制定的监管方案找到技术发展与技术风险之间的最佳平衡点，在保障合法合规和伦理的同时，让技术有最大的发展空间。

（3）要充分意识到加强监管合作和沟通不仅仅是通过行动加强各关联主体的沟通与交流，更重要的是构建发展性、适应性的监管框架，以此推动行业的标准化发展。具体包括结合发展事实对现有的法律法规进行完善更新，针对模糊性问题颁布新的法律法规，以引导生成式AI等新兴技术健康发展，推动形成公开、透明的AI技术监管生态。在此过程中，可以引入监管沙箱等新型监管工具，让金融机构在法律法规许可的范围内拥有自主创新的自由。

（4）树立开放性心态，推动生成式AI等技术的监管合作与沟通与国际接轨。由于数据的流通特性，以数据为核心要素的金融科技创新在应用过程中不可避免地要面临跨境合法与跨境安全等问题。为了保证全球金融市场的安全与稳定，防范各类非系统性风险，金融机构与监管机构应加强与国际金融管理体系的对接，彼此共享经验，开展高效协作，以保证在波谲云诡的国际市场中实现金融科技创新的平稳发展。

四、资源层面：技术引入与人才培养

生成式AI的训练与维护需要海量的数据资源、高算力的计算设备与先进的算法作为支撑，这需要相关金融机构具有较雄厚的资金，可以支持前期的基础设施建设以及后期的模型升级。这对于一些规模较小的金融机构显然难以实现。此外，当前AI技术尚存在较大的人才缺口，寻找具备高技术素养的AI专业人员也是一大难题。

为了更好地解决生成式AI在发展过程中面临的一系列资源问题，尤其是针对资源在大、中、小型企业中的配置不均问题，金融机构可以从以下方面入手予以解决：

（1）引入云计算等先进技术，通过分布式计算整合算力与存储空间，降低运算硬件成本。这种云服务模式不仅能够实现算力、存储空间的弹性调节，还能够通过“需求—付费”的模式减少企业初期设施建设与维护压力。

（2）与专业的技术服务提供商合作，能够最大限度提升内外部资源利用率，通过此种方式以较低的成本获取外部专家的可靠经验与先进技术，无须再耗费时间与精力组建团队，保证技术部署效率和质量的同时更好地优化了内部资源的配置。

（3）聚焦人才培养，提升相关从业者的专业素质与业务实践能力。一方面，加强企业内现有员工培训，实现其能力提升；另一方面，完善人才引进政策，完善福利待遇，吸引国内外专业人才。此外，还可以与高校展开合作，签订人才定向培养协议，提升引进人才的针对性，实现人才的定向输送。

（4）多与政府部门进行对接，通过政策优惠和专项资金解决企业的规模扩张、技术研发等问题，加快生成式AI的进步与推广。

五、文化层面：探索和培养创新文化

对于一些已形成自身企业文化、员工之间有较高行业默契、组织架构稳固的金融机构，生成式AI的引入可能会形成一种冲击，难以被各个层面的企业人员所认同和接受。因此，需要提升部分企业的技术认知，并在全社会营造包容开放的技术应用态度，确保金融数字化转型的顺利进行。

一切的进步都源于创新，作为关键前沿技术之一，生成式AI很好地诠释了这一点，而在接下来的发展中，应从以下两个方面入手推动生成式AI的持续创新与发展：

（1）金融机构可以专门拨出一部分资源预算成立机构专有的内部创新实验室，主要用于新技术的研发以及新技术、新应用场景的探索。在此过程中，注意保证后端市场反馈的及时性。实验室可从多个部门抽调人才组成综合性队伍，以生成式AI为支撑进行高效的技术开发、测试与升级，并及时关注各项评估指标的变化，不断对整个创新活动进行修正。该模式缩短技术落地周期的同时，也能够提升企业从业者的创新实践能力，从而确保机构创新的可持续性。

（2）金融机构应积极寻求与外部科技创新团队的对话与合作，形成开放式创新的良好氛围，充分利用好外部的创新资源。此外，还可以与各类专业科技公司、初创企业、高校和研究院所等展开合作，从多个角度探索金融服务的应用创新。外部合作不仅可以提升金融机构的创新高度，还能够检验新产品、新模式的持续发展能力和价值创造能力，指导机构及时对其进行完善和调整，保障创新成果平稳落地。

此外，尽管生成式AI在众多金融业务中表现不俗，但还需要考虑其市场接受度问题，尤其是金融业务直接面向客户的资产，一些客户可能会有AI决策的可靠性、AI资产管理的安全性等方面的顾虑，如一些客户可能不会放心将自己的关键财务信息授权给AI，或一些客户可能并不会采纳AI提供的资产管理建议。

为更好地实现金融创新产品的大范围普及与全社会推广，金融机构需要从以下三个方面入手提升客户对生成式AI的认知与认同：

（1）从可解释性与透明度的角度，提升公众对生成式AI的认知。通过制作教育材料、进行案例演示等，让公众了解生成式AI的优点，并针对客户顾虑进行重点答疑，让客户认识到生成式AI的优点，消除偏见。

（2）降低AI应用的操作难度，提升其智能化程度，并尽可能使页面精简，消除新用户的畏难情绪。同时，通过个性化设置、便捷化功能开发等，优化用户的体验，让用户切实感受到其价值，从而增进认同。

（3）从用户角度思考，对于用户存有疑虑的关键决策点，采取人工控制与AI控制相结合的方式，为用户提供足够的决策安全感。

第三节 基于大数据的信贷智能决策实践

一、传统信贷决策模式面临的挑战

随着数字化技术与社会发展的结合不断加深，“产业数字化”成为各行各业新的发展方向，在此潮流下，银行产业也迎来了数字化驱动的Bank4.0时代，很多银行顺应这一趋势，纷纷展开各种探索行动。

在银行的众多业务中，信贷业务有着举足轻重的地位，同时也是银行数字化转型的先行业务之一，商业银行需要深入洞察数字化转型大背景下金融业务发展的风向，利用科技为信贷业务赋能，推动构建数字化、高效化、智慧化的现代信贷决策模式，降低信贷风险，更好地让信贷业务为现代经济体系建设贡献力量。

长期以来，对信息的处理和整合能力是信贷决策中的一大难题，具体包括以下三个方面：

1. 缺乏统一的信息调取平台

银行信贷业务具有流程烦琐、涉及部门多的特点，不同环节下的用户信息与业务信息同步困难，对于这些信息的获取往往涉及多个系统的查询，这极大地拖慢了银行业务办理的速度。同时，通过多种途径拼凑出的业务数据存在不够全面、准确度低等问题，也在一定程度上降低了信贷决策结果的科学性，使得信贷决策业务效率与质量都受到了制约。

2. 数据价值挖掘时深度有限

随着市场的拓展、信贷业务需求的多元化，信贷过程中面临的风险种类与风险数量也迅速增长，而面临这些新情况新挑战，传统的聚焦于客户自身信息数据的决策方式已难以满足需要，缺乏投资、家族企业、担保等关联人的信贷决策模式在银行债券保护、贷后管理等方面存在诸多漏洞，难以实现对信贷风险的全面识别。

3. 风险防控手段较为单一

依照先验经验的人工决策是当前信贷决策的主要方式，一方面，这种决策方式在风险洞察方面存在较大局限，难以随着外部环境的变化及时更新进步；另一方面，这种完全依赖人工决策的方式也有可能导致银行借贷乃至信贷歧视的情况出现，不利于信贷业务的长期发展。

二、大数据驱动下的信贷智能决策

对于当前银行信贷业务中存在的各种问题与短板，一些银行率先展开了数字化探索。

以中国农业银行（以下简称农业银行）为例，将大数据、AI等前沿数字化技术与当前信贷业务进行融合，打造数据驱动、数智赋能的智慧中枢，如图6-1所示，实现了对传统信贷模式的革新，推动了信贷决策由依赖人工先验经验过渡到模型分析、算法判断、智能决策，极大地解决了日益增长的业务需求与传统信贷决策模式之间的矛盾。

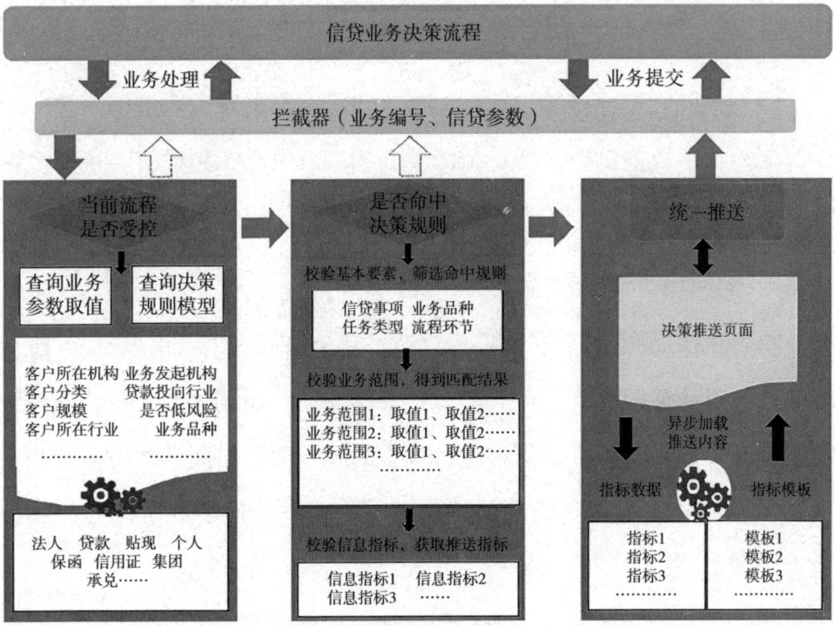

图6-1　农业银行智慧中枢

1. 构建业务决策“指标仓库”

借助大数据技术，充分发挥数据作为信息载体和流动要素的价值，以科学、完善的数据体系支撑信贷决策。

（1）实现多源数据采集，确保信贷决策数据对客户征信与金融行为的全覆盖。通过客户自身的资产、经营、负债、结算等原生数据与征信、工商、舆情、电商、政府等权威外部数据的融合，实现多源数据的采集与整合，为信贷决策提供可靠数据依据。

（2）通过Hadoop框架构建服务器集群，实现数据的分布式处理，通过Impala、Hbase、Kylin等大数据技术，实现对多源异构数据的规范化管理，同时使用算法对海量数据进行深度挖掘与学习。在此基础上，建立具有高效分析与决策能力的信贷决策模型，实现对信贷用户公司治理、资产经营、信用财务、企业关联信息的全面监测与评估，从多个维度审视客户风险。

（3）借助知识图谱等发散性模型，描绘客户关联关系网络，进一步扩大风险评估辐射范围，推动原本单一的客户风险识别过渡为可靠度更高、评估更精准的客户关系网络，有效提升整体信贷安全性。

2. 打造业务决策“中控室”

借助ILOG等技术，农业银行打造了信贷决策引擎“中控室”，进一步解决了银行前中后台的业务信息不对称问题，通过打造统一、可视的业务交互界面，实现了信贷办理过程中的业务信息的同步，使信贷决策规则能够结合业务实际情况灵活调整，为业务办理争取了一定的弹性空间。

（1）对决策对象进行分类管理，提高业务办理的定向能力，针对信贷事项、流程环节、任务类型的不同，提供差异化的信贷服务。

（2）善用数字化工具实现信贷业务的高效统筹，通过决策表、决策树、决策流程等工具性逻辑模型，对多条业务线进行管理，确保业务服务的综合性和业务响应的即时性。

（3）支持从不同层次、不同维度对同一信息进行审视，针对不同的业务类型制定有不同侧重的指标信息模板，实现风控报告输出的精细化、定制化，提升信贷风控对不同场景的适应能力。

（4）实现决策对象与决策规则管理的一体化，通过决策对象和规则登记、发布、修改、下架全生命周期的数据，实现对决策对象和决策规则的一体化管理，支持风控规则的定时更新，保证全行信贷决策的公开透明，确保信贷决策的规范、科学、高效。

3. 设计业务决策“引擎”

农业银行利用机器学习等大模型为业务决策赋能，通过决策数据指标和规则模型提升信贷决策的颗粒度，实现智能决策以及决策信息的定向推送。

（1）智能化匹配，根据取值逻辑实现业务信息的动态交互，自主进行决策解析，运算业务逻辑，根据对象自动生成最优业务内容进行推送，同时快速地将信贷决策结果同步至相关界面，实现整个信贷决策系统的迅速响应。

（2）自动化过滤，通过参数对比识别出吻合业务进行跳转，同时在信贷业务办理的过程中，对标记的决策匹配结果进行后台加载，实现决策信息的精准、自主关联，进一步优化业务办理流程。

（3）精细化管控，对于低风险信息指标，以提示的方式展示给贷审人员，为其留出较大的决策空间；对于高风险信息指标，则采取强制性审核措施，及时拦截具有高失控风险的业务，动态灵活地对风险阈值进行调整，在保证安全的前提下最大化业务办理绩效。

三、智慧信贷决策中枢的实践效果

1. 智慧信贷决策中枢的应用价值

农业银行通过智慧信贷决策中枢的建立，实现了信贷业务流程的优化、业务体系的升级，其成就主要表现在以下三个方面：

（1）多源数据融合，构建信息全覆盖的查询平台，由客户信息的一站式展示代替了以往的多系统查询。农业银行通过对客户信息、业务信息等信贷决策依据信息的全面整合、分类管理与集中展示，解决了信贷办理过程中业务人员信息获取渠道杂、时间长、信息乱的问题，进一步简化了用户信息获取与使用路径，同时通过智能中枢对客户信息进行监测，及时向审批人员进行预警，前置信贷评估中的风险识别，为风险处置争取更多时间，实现了信贷业务办理的科学性、高效性与安全性。

（2）运用数据构建客户关联关系网络，进一步拓宽信贷业务流程中风险识别的覆盖范围，能够从全局角度厘清风险的传导路径。农业银行通过关联关系分析、关系抽取等技术，实现对客户关联人等相关数据的提取，进而通过遍历关系节点、向下判断、向外延伸等方式形成用户谱系。以客户法人为例，除客户个体信息外，在进行客户谱系描绘时还应对其涉及的投资、董事、家族企业、担保等信息进行抽取，形成节点，随后拓展为关系网络。同时，这一功能的服务颗粒度也随着外部条件的变化不断提升，支持对客户及其重要关联人、业务保证人三个维度的对应性定制，实现了风险信息的梯度式灵活推送。

（3）通过决策规则模型，实现在线决策，科学、规范地对风险防控规则进行执行，变革了过去依赖人工经验、程序固化的决策模式。一方面，农业银行运用参数模型结合数据对客户信息进行全方位、多角度的评估，相较于以往决策人员依赖经验进行判断的决策模式更为客观、科学和规范；另一方面，通过信贷决策规则可视化和参数化的定制，实现了业务规则维度对环境的灵活性适应，实现了风控体系的系统化响应，实现对监管要求的柔性适应。

自2019年上线后，农业银行智慧中枢在风险信息推送、业务风险评估等方面表现优异，共精准推送260万条风险信息，业务覆盖量达61万笔，对9.5万笔高风险业务执行了强制审查，进一步提升了信贷业务的综合信息审查能力，实现了高颗粒度的风控管理，拉高了优质信贷业务率与业务额。

2. 智慧信贷决策中枢的优化建议

智慧中枢的上线带来了农业银行业务能力的一次整体提升，但面临外部环境不断变化、新需求层出不穷、新技术不断革新的现实，银行还应从发展的角度不断对决策中枢进行优化完善。

（1）夯实数据基础，加大外部数据引入力度。高质量的信贷决策需要建立在海量多维的数据基础之上。为了进一步提升后续业务的覆盖面与精细化程度，银行应进一步扩大外部数据引入范围，将电商、物流、水电等数据引入行内，同时与淘宝、支付宝、微信等电商平台、线上支付平台展开合作，打造“金融+生活”的全方位信用信息生态，从而使决策数据指标更具真实性和可参考性。

（2）探索新兴数字技术在信贷决策领域的应用。探索先进技术与信贷决策的深度融合，实现机器人流程自动化（RPA）、深度学习、流计算（Flink）等技术对信贷决策的深度参与，提升信贷服务响应速度，通过智能化决策降低信贷业务中的误差，提高效率和质量。

（3）扩展大数据驱动信贷智能决策模式应用范围。一方面，应进一步提升信贷智能决策在实际应用中的辐射范围，将决策支持由单线拓展为多线，并实现智能决策对信贷业务的全过程贯通，将智能决策支持延伸至贷后管理环节；另一方面，进一步提升系统的兼容能力，通过标准化接口封装，实现对行内多个系统的决策与风险识别支持，尤其是针对线上产品系统，通过智能化技术在客户准入、风险预警、自动化审批等场景中的应用，提高线上产品的工作效率与风险防控等级。

第七章

智慧供应链

第一节　AI大模型：实现供应链决策智能化

一、AI大模型重塑物流供应链模式

随着市场和环境的不断变化，供应链亟待进行数字化转型，同时，企业也要充分了解市场环境变化情况，灵活应对各类突发事件，并据此迅速调整自身的决策和计划。

近年来，AI飞速发展，并逐渐被应用到供应链管理当中，促进供应链管理在理念、技术和模式等方面的创新发展，助力各行各业建立起以大数据为重要支撑的智慧供应链体系，并进一步提高供应链的网络化、智能化和共享化程度，为供应链各环节之间的协作提供了支持，增强了我国企业竞争力，推动了我国供应链优化升级。

2017年，谷歌发布Transformer网络结构，自此大模型领域获得了极快的发展。截至2023年，全球大模型技术群已经涵盖多种技术架构、模态以及场景，规模十分庞大。

近两年，ChatGPT、DeepSeek等的横空出世，更是掀起了AI大模型驱动下的新一轮技术革命，进一步带动了当前产业发展的变革，带来了无限可能。在一些专注于某一需求进行方案提供的产业场景中，物流和供应链以其成熟的构成体系、不可胜数的流程环节、规模庞大的数据处理需求以及多元的产业场景，为大模型提供了巨大的应用空间。而大模型技术与物流及供应链的深度融合，也将进一步重塑物流供应模式，提升数字货运全链路运营效率，实现该行业的服务升级与业态创新。大模型是指参数规模达到百万级的深度神经网络模型，经过专门的数据训练后，该模型能够实现对海量多元数据的整合、分析与处理。

2023年5月底，中国科学技术信息研究所发布了针对我国当前大模型应用地域分布进行调查分析的《中国人工智能大模型地图研究报告》，报告显示，当前国内已经发布了79个参数达到10亿以上的大模型，其中以北京和广东为主体发布区域，分别发布了38个和20个大模型。从行业应用角度来看，腾讯、顺丰、京东、极兔等100家企业已经公开了物流大模型并将其应用在行业业务领域当中，大模型具体的工作范围涵盖需求预测与管理、配送路径智能生成与货物智能分拨、智能对话引擎—智能客服等。

新一代信息技术的发展和应用，为供应链转型提供了强有力的支持。供应链开始向数字化和智慧化的方向发展，各项相关数据和数字技术也在供应链决策方面发挥着十分重要的作用。

某家电企业借助COSMO Plat平台构建起需求与供给交互网络，并充分发挥大数据、物联网等新一代信息技术的作用，实时监控生产过程，并将生产过程中的各项数据与其他环节进行实时共享，实现线上线下协同运作，进一步提高采购价值交换模式的精确性、高效性以及风险可控性。

某日化公司搭建起数字化管理体系，打通了供应商、制造商、分销商、消费者之间的渠道，并利用数字技术对消费者行为进行分析，利用大数据分析技术找出最佳采购时机和最佳促销时机，确保数据、洞察、决策及行动之间的连接的有效性，进一步提升自身供应链的运营效率，增强自身供应链的竞争力。

二、大模型在供应链中的应用优势

作为AI的一项重要技术分支，大模型技术在物流供应链行业有着广阔的发展空间。通过使用大模型技术对现代物流产业进行赋能，能够进一步补齐物流行业在发展过程中面临的各类技术缺口，打造现代化、智能化的高水平物流。

而大模型技术在物流服务供应链各个环节的应用，则能够进一步优化物流行业的资源整合与配置方式，提升行业内部的要素生产率，从而实现物流行业的高端化升级，并带动其他相关产业的发展，催生出全球范围内贸易模式的革新，如图7-1所示。

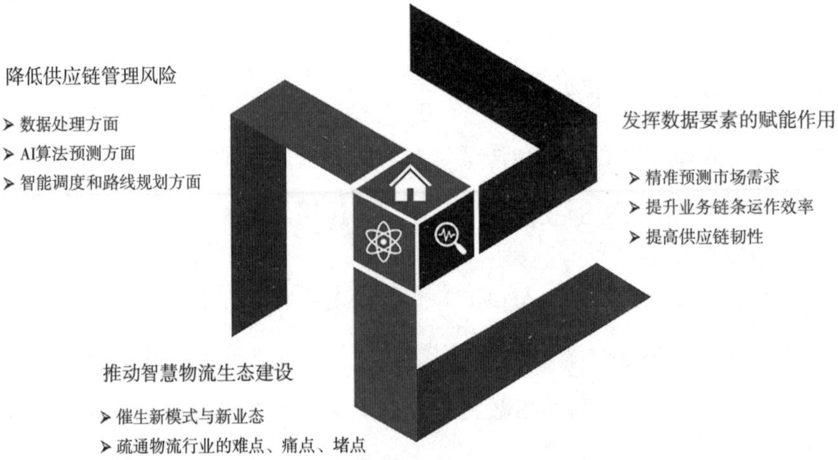

图7-1 大模型在供应链中的应用优势

1. 降低供应链管理风险

大模型在数据处理和需求预测方面的优异表现，能够对物流供应链进行多重赋能。

（1）数据处理方面。大模型的精准预算与高效比对能力能够快速实现对数据异常模式的判别，及时发现库存断货、运输异常、需求波动等问题，并及时将问题报告给相关管理人员，从而为企业争取更多的时间进行问题处理，有效解决了过往供应链问题早期识别困难、传导至企业后已演化为复杂问题的情况，极大降低了供应链风险。

（2）AI算法预测方面。大模型能够对市场发展趋势进行建模，从而实现市场需求和供应情况的准确预测。通过预测结果，企业能够及时制定出市场调整预案，及时作出库间商品调拨、增加或减少库存等决定。

（3）智能调度和路线规划方面。AI大模型具有的深度学习功能能够实现对各类运输因素如路况、天气、途经点等进行深度分析，获取各项因素之间的关联信息，随后再使用复杂算法针对各类要素的具体情况进行最优路线规划，提高运输效率的同时也提升了运输的柔性化程度，使得根据需求进行运输调整成为可能。

2. 推动智慧物流生态建设

当前，国家对智慧物流建设的重视程度不断提高，不断加大对相关领域的资源投入力度。而大模型则在现代智慧物流体系建设方面发挥着重要作用。

近年来，为了促进智慧物流行业的快速发展，国家在政策上给出了很大的优惠力度，不断引导物流行业进行数字化、智能化升级。而随着大模型深入社会发展的各个领域，成功建立起了标准化物流体系建设从构想到落地之间的桥梁，不仅催生出了新模式与新业态，还实现了生产力方面的跃迁，疏通了物流行业的难点、痛点、堵点，实现了全行业的升级与进步。

3. 发挥数据要素的赋能作用

当前，AI大模型驱动下的新一轮技术变革为物流业发展带来了颠覆性革新。科技型企业纷纷谋求与物流行业的合作，通过大数据、物联网等信息技术，以及物流供应链理论的交叉研究与应用探索，物流大模型能够实现市场需求的精准预测，提升业务链条运作效率，提高供应链韧性，从而实现物流行业更新的价值创造。

随着相关技术领域不断取得新的突破，以及《关于构建数据基础制度更好发挥数据要素作用的意见》《“数据要素×”三年行动计划（2024—2026年）》等扶持性政策文件的迅速出台，数据作为数字化时代的关键要素将在数字化物流中扮演更为关键的角色，成为供应链数字化平台、智能驾驶、智慧园区等新型物流场景的重要支撑，加快物流业向现代化、高端化升级。

综上所述，AI大模型与物流行业的深度融合已成为大势所趋，虽然当前仍存在一些缺陷，但随着技术的革新与发展，相信这些问题最终都将迎刃而解，物流行业也将在AI大模型的赋能下走向更加辉煌的明天。对此，企业也要做好充分准备，加大创新与人才培养方面的投入，抓住机遇、迎接挑战。

三、大模型在供应链中的应用挑战

当前，受贸易政策、自然灾害等因素的影响，供应链面临许多区域性风险和挑战。对企业来说，为了保证供应链运营的稳定性，需要加大对供应链安全的重视，并对供应链决策进行优化。

除此之外，各行各业的企业逐渐认识到环境影响和绿色发展的重要性，开始采取相应的策略来减少碳排放，提高资源利用率，并制定和落实更加全面的供应链战略，增强战略的灵活性和敏捷性，提高自身对市场环境的适应能力，在进行供应链决策时也充分考虑环保问题以及自身应承担的社会责任，保证发展的可持续性。

1. 数据的获取及大模型产业的落地问题

随着各类功能各异的大模型纷纷问世，如何让这些大模型迅速在丰富的应用场景中发挥作用，并发挥作为先进生产力的价值仍是当前大模型研究面临的紧迫问题。

从数据角度来看，高质量数据的获取是大模型应用推广中面临的一大挑战。数据是进行大模型训练、实现大模型性能升级的重要资源。为了保证大模型的训练质量，必须使用具有高针对性、高细分性的行业垂直数据，这种数据往往难以通过一般途径获得，获取难度较大，且本身数量有限，较为紧缺。

在场景方面，大模型需要具备多场景适应能力。随着技术产业化的发展，仅仅依靠模型自身的能力所产生的价值十分有限，必须挖掘出与技术相匹配的应用场景，才能够真正让大模型参与价值的创造与分配，而物流行业应用场景多元、场景之间的连贯性强，接单、派单、定价、追踪、问题响应等场景都需要大模型具有高灵敏度、高精度和高拟人度，为了实现这一点，必须保证AI大模型具有足够的应用领域训练支撑，不断进行性能优化与升级，以保证其产业化发展。

2. 物流大模型的准确性及数据的安全性问题

结合当前的应用实际来看，物流大模型的准确性和数据的安全性是AI大模型应用推广过程中需要重点考虑的问题。物流业贯穿了原料采买、物资调配、产品运送等多个环节，这一过程涉及的流程复杂、场景多元，只有确保大模型准确性才能保证应用效果，但当下的大模型在应用中仍旧存在结果不可控的问题，因此准确性有待进一步提升。

此外，物流大模型在应用过程中需要对大量企业和个人隐私数据进行分析、挖掘和利用，若不能保证这一过程的安全性和保密性，则会造成严重的数据侵权问题。因此，在对大模型进行测试时，应将数据处理安全作为一项重要的检测指标，训练过程中，可以对数据进行匿名化处理、使用合成数据代替敏感初始数据，以降低数据的隐私程度。此外，还应对训练方法进行改进，并引入后处理机制作为兜底保障，以减少大模型应用过程中可能出现的风险。然而，当前我国大模型发展仍处于起步阶段，各类配套技术、配套标准尚不完善，仍需要经历较长时间才能在大模型准确度与数据安全方面取得较大突破。

3. 物流大模型行业竞争带来的问题

当前，率先进行物流大模型探索的是百度、腾讯、阿里、菜鸟等行业头部企业，这些企业往往在资金、技术、市场资源等方面底蕴深厚，也正因此，这些企业迅速占领了相关市场。而随着物流大模型对相关行业的渗透程度进一步加深，市场竞争也将更加激烈，可能带来更高的进入壁垒，甚至出现龙头企业技术垄断的情况，这显然会对处于起步阶段的企业造成较多的不利影响。因此，需加强行业监管，构建良好的行业生态。

四、基于大模型的供应链优化策略

1. 构建高效协同的数智化系统

大语言模型（large language model，LLM）技术的应用可实现高效数据交互，促进供应链决策优化向智能化和个性化快速发展，充分体现出供应链的价值。LLM具备流程收敛、对话流编排、向量知识库集成等诸多功能，能够在供应链决策优化的演进过程中，以定制化的方式完成文档辅助编写任务，同时也可以与知识图谱技术协同作用，以智能化的方式对各项采购数据进行分析处理，连接起不同维度的数据，进而实现知识检索和推理功能。

（1）采购策略智慧制定。LLM可以广泛采集各项采购策略信息，如采购方案、采购文件、框架协议等，并对这些信息进行分析处理，根据分析结果，建立和优化采购策略匹配关联模型，以便利用模型生成最佳推荐采购策略，同时实现对该策略制定机制的动态优化。

（2）智能辅助评审。LLM可以针对供应链中的各项要素构建相应的模型，如评分、价格、资质评审、业绩评审、技术参数等要素，同时也可以根据相应的规则进行智能评审，降低专家主观评分的影响，从而提高评审的质量、效率和客观性。

（3）物料主数据智能管理。LLM可以从物料中获取多维特征，并在此基础上构建各类相关模型，如自动分类、自动赋码、物料类别预测等，进而提高物料分类效率，实现一物多码识别、物资编码唯一，同时也可以实现对新增物料编码的自动识别。

（4）检测计划策略智能编排。LLM可以广泛采集和深入分析各项物资相关信息，如物资的品类、数量、质量等，并据此构建策略库，自动生成、下发和智能修订检测计划，为业务规则赋能，实现对业务整个生命周期的数智化管理。

（5）AI助手。LLM可以针对流程规范、法律法规、使用手册等采购垂直领域相关场景，打造相应的训练样本，并实现对话式交互功能，以便通过检索的方式获取各项关键知识，在各种业务场景中进行知识问答，进而实现溯源分析各项业务的功能。

（6）智能搜索。LLM可以实现会话提问、模糊搜索、混合搜索等诸多功能，同时也能够精准理解用户的数据查询意图，在此基础上迅速获取业务数据，并以突变的形式对这些数据进行可视化呈现，从而为用户带来更好的使用体验。

2. 推动供应链跨界创新

就目前来看，AI等先进技术的发展和应用，有效推动了我国产业链转型，提高了我国产业链、供应链在供需方面的匹配度和协同性，同时也为我国供应链实现高质量发展提供了强有力的支撑。

AI技术的应用，有助于供应链信息聚合传播，破除各个产业之间的壁垒，促进各产业互相交流、协同发展，同时也可以大幅提高供应链的数智化程度，推动供应链实现跨界创新和决策优化转型。

具体来说，供应链上下游各环节之间可以利用算法来获取对方的需求信息，并借助商机推荐服务来实现更加精准高效的供需匹配。除此之外，在供应链决策环节，企业也可以充分发挥互联网思维，在确保价值导向一致的情况下，推动资源顺畅流动，助力要素高效配置，提升机构之间、行业内部以及不同行业之间的协同性，从而建立起统一的价值链，实现对内部供应链的有效管理和对供应链架构的强化。

AI技术的应用在一定程度上丰富和拓展了供应链，在AI技术的作用下，企业可以利用供应商关系管理（supplier relationship management，SRM）系统来优化内部管理，提高供应链上下游的各个企业之间衔接的流畅性，为供应链中的企业与外部伙伴深化合作提供支持，助力企业建立基于AI的供应链决策机制。

对企业来说，可以充分发挥AI技术的作用，推动供应链管理与其他行业融合，提升产业链和供应链的效率及竞争力，同时也要坚持创新发展，积极解决问题，灵活应对各项挑战。

在实际操作中，一方面，我国应制定相关政策，推出相关法规，并对供应链模式进行深入研究，充分保证供应链数据要素与知识产权保护及数据安全要求之间利益平衡且互相兼容；另一方面，我国应支持企业进行技术对接和系统整合，利用各项先进技术对企业与企业之间的供应链流程进行优化升级，充分保证供应链的透明度，同时推动供应链实现快速响应；除此之外，我国还应加大人才培养力度，大力培养兼具技术开发应用、数据分析处理等多种能力且了解业务的复合型人才，并通过人才培育来帮助员工深入理解各类新技术和新模式，增强员工的跨界合作能力。

3. 实现供应链平台化升级

近年来，大数据、云计算、AI等先进技术在各个产业中的应用日渐深入，新质生产力迅速发展，企业也开始向复杂的网络结构转型。在这一背景下，供应链的数智化程度越来越高，并逐渐发展出新型云平台，为企业提供数据采集、数据汇聚和数据分析等服务，同时支撑制造资源泛在连接，提高资源配置的高效性和资源供给的弹性化程度。不仅如此，AI技术与供应链的融合，也在一定程度上为企业向数字化、智能化转型提供了支持。企业可以利用AI技术构建数据分析模型、预测模型，升级相关算法，优化产业链运作模式，提高供需之间的协同性和匹配程度，增强供应链的韧性。

智能化的供应链平台对数据的兼容性较高，能够适应不同的业务场景，整合各个业务节点，助力企业优化内部资源管理，增强与其他企业及地区的合作，同时也可以提升资源配置的合理性，帮助企业减少成本支出，提升效益水平。

AI技术在供应链平台中的应用在一定程度上丰富了供应链生态，同时供应链也可以借助电商平台进行升级，实现共生共荣，并帮助企业进一步强化核心竞争优势。

为了灵活应对由不确定性因素造成的各类问题，企业需要推动供应链走向平台化，构建稳固的供应链网络，并确立多元合作体系，支撑供应链实现高效率的生产和流通，同时也要为相关工作人员提供开放的创新空间，丰富互动者类型，增加参与者数量，支持各方相关人员进行资源共享和价值共创。

总而言之，在推动供应链创新转型的过程中，企业必须认识到搭建智慧供应链平台的重要性，并将其作为一项关键任务，以便后续通过该平台来整合和管理各项资源，创新和优化供应链管理。

第二节 AI大模型在供应链决策中的应用

一、需求预测：实现供应链快速响应

需求预测是供应链决策中的重要一环，企业可以通过需求预测来了解市场需求，提高生产计划和库存管理的合理性，减少在库存方面的成本支出，打造更加灵活高效的供应链。

在商业物流活动中，企业可以以机器学习算法为支撑，开发具有数据深度学习与规律挖掘能力的模型。通过对历史物流数据进行学习，该模型能够实现深刻的市场洞察，从而结合规律对市场演进进行模拟，最终实现对未来市场需求的预测。

通过不断的数据训练和内部迭代，模型的预测精度将越来越高。需求预测能够更好地为企业提供生产和采购决策依据，使生产节奏与市场变化频次保持一致，从而规避库存不足或库存过剩等仓储风险，确保各项库存数值被控制在能够满足成本最低、利润最大要求的范围内。

2023年，京东在全球科技探索者大会暨京东云峰会上推出了“京东物流超脑”大模型。从业务功能上看，“京东物流超脑”大模型能够实现供应链全链条的决策辅助覆盖，提升运营效率，同时实现一线作业智能助手的响应能力与任务处理能力，如图7-2所示。

在交互层面，“京东物流超脑”大模型提供了简单便捷的交互界面，用户仅需要对期待仓储布局的信息进行完善即可，系统会结合用户需求迅速生成可行度高、科学合理的二维可视化方案，用户还能够在所生成的方案上进一步调整，直到满意。

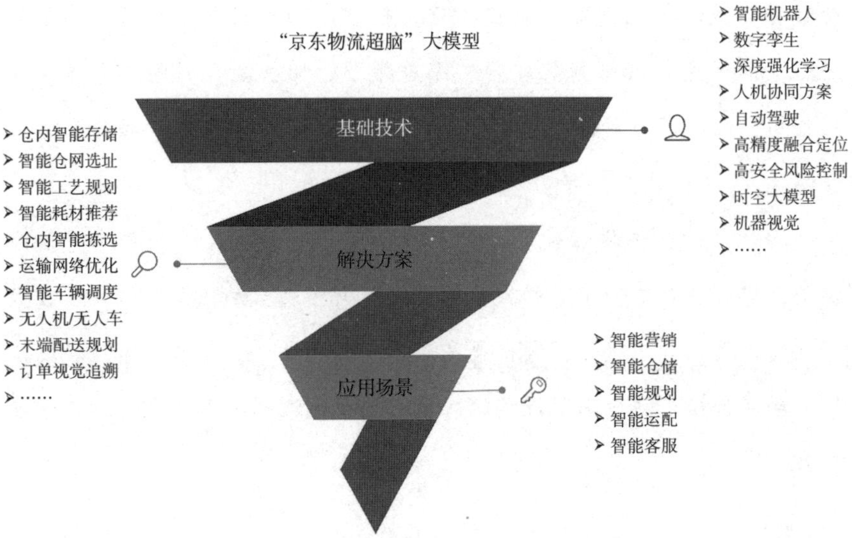

图7-2 “京东物流超脑”大模型

在智能决策层面，“京东物流超脑”大模型能够通过对已知信息的运算分析，从多种布局方案中确定最优解。此外，通过数字建模、运算分析，大模型还能够识别出物流中存在的异常问题，及时预警实现介入，从而阻截风险事件，避免造成损失。

从实际操作上来看，企业可以广泛采集工程、预算、合同等环节的各项相关数据，利用大数据技术对各项数据进行分析，掌握采购项目需求规律，并据此构建差异化需求预测模型，确立自适应机制，根据实际情况制订相应的需求计划；也可以从供应商的供给能力出发，确定补货时间和补货量，避免出现库存过剩、缺货等问题，以便减少在库存方面的成本支出，降低销售损失，同时也可以提高生产计划与供应链流程之间的协同性，充分利用各项资源，并支撑供应链实现快速响应。

以快消品行业为例，某头部快消品供应商积极学习行业知识，广泛采集业务数据，并将相关经验、知识和数据转化为模型特征，确立包含数据对接、数据清洗、特征构建、模型回测和模型上线五个环节的流程，同时充分发挥强化学习、深度学习、树模型和时间序列等算法的作用，促进模型融合，并找出匹配度最高的混合模型，以便进行需求预测。

除此之外，该供应商还陆续上线了多个子品类，进一步丰富产品类型，提高在企业销量中的覆盖率，同时也借助自动化预测减少了在数据处理方面花费的时间，大幅提高了需求预测效率。随着专家经验逐渐固化和混合模型的应用范围逐渐扩大，周度预测的准确度也得到了明显提升。

二、库存管理：优化与提升仓储效率

2023年6月底，菜鸟供应链在全球智慧物流峰会上发布了一款以大模型为基础的数字化供应链产品——“天机π”，该模型集成了AI、运筹与大数据，能够在对历史销量数据进行学习的基础上预测出销量走势，从而生成相应的库存管理计划、需求计划、补货计划等，从而对内部库存资源进行整合和优化配置，提高内部生产、库存与物流运送的衔接程度。

对企业来说，可以利用时间序列、机器学习、深度学习等技术和算法来提高库存预测的精准度，优化控制策略和仓储设定，以便精准把握补货时机，实现更加高效的库存管理。

从实际操作上来看，一方面，企业需要采集和分析故障率、使用寿命、需求计划、设备存量、投资规模、历史库存消耗量等各项相关数据，并构建储备定额模型，提高补货的智能化程度；另一方面，企业需要综合考虑使用频率、仓库库存、物资需求和物资周转时间等多项相关因素，构建代储代销模型，以便动态调整物资数量和周期。总而言之，企业可以通过优化库存控制策略的方式来减少库存量，降低滞销损失，从而减少库存方面的成本支出。

以通信行业的企业为例，某企业整合了电子标签拣货系统（picking to light，PTL）、货到人挑选（goods to person，GTP）等多种先进技术，构建出高度自动化和智能化的仓储中心，并实现了物料接收、存储、挑选、齐套、配送等诸多功能。

不仅如此，该企业还采集了智能仓库的后台数据，并通过企业资源计划（enterprise resource planning，ERP）系统、物流信息管理（warehouse management system，WMS）系统与这些数据作对比，以便提高备货量控制精度，减少库存浪费。同时，该企业还采集物料消耗数据和实时库存数据，了解物料消耗趋势，并据此对物料消耗情况展开智能化分析和预测，以便供应商及时备货和调货，从而减少仓储成本支出，提高交付履约效率。

在AI等先进技术的作用下，中心仓与线边仓的物料供应模式逐渐趋向智能化，并实现更多自动化、智能化功能，如超期管理、自动补货、在线循环盘点、潮湿敏感器件管理等。该仓储中心采用货到人的作业模式，可以实现全自动出入库，大幅降低了人工作业的劳动强度，同时也具备较强的主动感知能力，大幅提高了供应的敏捷性和物流的智能化程度。总而言之，AI技术在供应链管理中的应用推动供应链管理走向自动化和智能化，为企业在整个世界范围内开展各项业务提供了强有力的支持。

三、智能调度：运输路线的智能规划

AI技术在供应链中的应用能够在一定程度上提高运输效率，减少运输成本，缩短交付周期，助力企业实现运输优化。

AI大模型能够自动对外部环境进行识别并作出反应，同时迅速对货物的运输路径进行调整，以保证货物的运达效率，避免造成不必要的时间与资源浪费，同时也使得运输过程中的车辆安全得到了保证。此外，AI大模型还能够根据运送紧急程度和运输距离对装车顺序和运送顺序进行智能统筹，避免出现折返的情况，从而降低成本，提升客户满意度。

在百度大模型的支撑下，百度地图结合物流行业的应用需求与场景特点，有针对性地开发了物流大模型Beta版，该模型于2023年9月底正式上线，主要用于物流地址解析和物流调度决策两个业务领域。

在物流地址解析方面，百度地图充分发挥其在语言任务处理方面的优势，使用百度文心大模型进行百度地图POLI大数据、物流运单门址数据的归类、识别与分析，从而实现了从内容复杂、格式多样的文本中筛选有效地址、生成配送目的地分布图、更正地址错误、进行地址相似性判断等任务。

在调度决策大模型方面，该模型实现了对原有大模型结构的合理优化，在其训练过程中应用Paddle PARL强化学习框架，从而直接实现端到端的运算推理，完成决策，为车辆站点间调拨、货物装车、确定最优仓库位置等工作提供支撑。经过测试，该模型在成本节约和效率提升方面都实现了对传统启发式算法的超越，能够节约3%的成本并将决策用时缩短至原来的10%。

从实际操作上来看，企业可以对各项相关实时信息进行聚合分析，如运输量、运输路径、天气、交通状况等，并根据分析结果进行智能规划，找出最佳运输方案；也可以对供应链的需求和运力进行分析，并根据分析结果以智能化的方式对运输工具和运输方式进行实时匹配，从而推动运输需求匹配走向智能化，达到减少运输空载率、提高运输效率和减少运输成本的目的。

以互联网行业的某企业为例，该企业充分发挥AI等先进技术的作用，搭建起智能化物流调度平台，并借助该平台来处理各项物流任务，提高配送的效率和准确性。

一方面，该平台可以采集和分析送货员的历史配送数据，将送货员划分成不同的等级并绘制能力画像，综合分析送货员的位置、能力、取件地址、送货地址等各项相关信息，以智能化的方式分配订单，同时进行路线规划，在最大限度上缩短送件路线和配送时间；另一方面，该平台可以采集和分析供货方的历史出仓数据，提示送货员优先选择出件速度快的供货方，减少等待时间。

除此之外，当出现恶劣天气时，该平台会延长送货时限，防止送货员因担心超时而超速行驶，降低交通风险；当多个订单处于相同或相近的位置时，该平台会对这些订单进行合并，并将其就近分配给同一个送货员，在最大限度上放大单次送货价值；当订单位于不同的网格当中时，该平台允许跨网格配送，减少送货员空车返回的次数，从而达到减少浪费的效果。不仅如此，该平台还具备自我学习和优化能力，可以总结分析当天的运行情况，并根据分析结果不断优化调整，确保路径规划的科学性、合理性和高效性。

四、智能识别：OCR 技术的应用场景

对OCR（光学字符识别）技术的应用已经覆盖了物流行业的各个环节，在提升工效、缩短作业周期方面发挥着重要作用，具体见表7-1。

表 7-1 OCR 技术在物流行业的应用场景

应用场景	主要内容
发货地址识别与货物信息识别	通过 OCR 技术，能够自动对粘贴文本进行分割提取、自动录入等，实现一键操作
物流链接	通过 OCR 技术，实现对各类信息的提取、识别与检验，从而节省人工成本，降低操作误差，加速货品流转
配送端	通过手持 OCR 设备，快递员能够即刻实现对快递信息的读取，对已经签收的快递进行已签收标记，从而完成快递状态全程数字化追踪的闭环
监管层	通过 OCR 技术，监管层能够实现对各类快递的监控追踪，完成快递运输前的物品核验，从而有效避免危险品、违禁品的流通

此外，通过OCR技术可以实现快递全程的物流追踪与监管，还能更好地结合物流状态调整配送计划和运输资源，提高资源利用率。

2023年，腾讯智慧交通与福佑卡车共同开启了打造全行业第一个数字货运大模型的项目。当前，该项目中的一套基于OCR技术的、端到端的智能识别大模型已经成功落地，并在相关业务领域投入应用。借助该模型，能够实现物流货运证件、各类装卸、出入库回单的识别与处理，从而优化了整个货运登记流程，减少了成本支出。经过前期验证，该模型在多样式回单识别场景的样本训练中表现优异，其对图像的字段识别误差低于1%，图片信息匹配的综合识别误差不到5%，能够成功识别并召回比传统模型多20%的问题回单。

除了OCR智能识别，腾讯和福佑卡车还将大模型研究的覆盖领域扩展到了智能客服、运营分析等领域。在智能客服场景中，双方利用行业内高专业性、面向细分人群的语料作为大模型训练的素材，实现了通用智能客服机器人向行业客服专家的过渡升级。在运营分析方面，通过大模型和大数据分析技术的集成，进一步实现了货运需求和市场发展趋势的预测，从而为智能决策中枢“福佑大脑”的决策提供可靠依据。

五、智能客服：驱动用户体验的升级

通过整合大语言知识图谱，AI大模型能够实现对传统物流作业模式的革新。在传统自然语言处理技术的支持下，AI大模型能够实现对用户提问的迅速响应，同时给出精准的运算结果，大幅提升了服务灵敏度。此外，智能客服能够全天响应、自主回答，缩减人工成本的同时也优化了用户体验。

案例1：顺丰

2023年9月，以大模型技术为支撑的“小丰智答”正式投入应用，被称为顺丰版的ChatGPT。该模型的功能定位为企业智能数字员工，通过使用企业积累的专有数据对其进行训练，能够使该模型遵循企业工作原则、采用企业思维与企业风格在客服、销售等业务中发挥作用。通过“小丰智答”，能够真正实现用户的“对话咨询”，即问即答，不再需要检索与结果筛选，在节省长文本识别成本的同时极大提升了对问题的响应速度，实现了用户体验的升级。此外，该模型具有较好的兼容性，能够结合实际业务需求装载在网页、App等载体上，还能够实现业务的个性化定制，扩展了服务范围的同时降低了数据泄露风险。

案例2：快递100

快递 100 大模型一经上线，便迅速被应用至工单客诉处理场景之中。通过深度语义分析，该模型能够从用户的反馈文本中精准地提取意图信息，一般的快递物流查询、寄件重量复核、特殊物品寄件原则咨询等需求都可以被识别。在此过程中，用户只需要在交互窗口完成问题描述即可。完成意图识别后，模型会进一步对各类诉求进行分类，对不需要进行人工介入的问题进行实时解答、智能反馈。针对无法自动处理的问题，则以工单的形式推送至人工客服处，提升了问题处理的速度和精细化程度，也进一步为物流公司节约了人工成本。

第三节　基于大数据的供应链风险防控策略

一、数据驱动：赋能物流供应链

近几年，大数据技术在出行、电商、天气预测等领域的应用爆发出了惊人能量，物流从业者对颠覆性的大数据技术的应用同样充满了期待。在物流活动中，会产生订单、车辆、仓储等各类海量数据，对提高物流效率，降低物流成本，推进物流行业的数字化、信息化具有十分重要的价值。

物流作为供应链管理中的一项重要内容，其效率与水平无疑会对供应链管理产生深远影响。数字化时代，数据成为企业最为宝贵的无形资产。充分发掘数据背后的潜在价值，将数据分析结果应用到物流管理等诸多经营管理环节之中，成为企业能否从激烈市场竞争中成功突围的关键所在。

1. 物流行业大数据的特点

物流行业大数据不仅包括物流行业本身产生的数据，还包括关联行业产生的数据。从当前的发展情况来看，社会化媒体、电子商务、物流业、制造业、零售业、互联网及移动互联网是物流行业大数据的主要来源。数据来源的丰富性，决定了物流行业大数据类型的多元化，比如，流量分析数据、电商交易数据、人的行为数据、交互数据、车辆数据、订单数据、仓储数据等。

2. 大数据赋能物流供应链

大数据时代，企业能够获取的数据大幅度增长。在数据搜集环节，不仅要搜集内部数据，更要关注外部数据；不仅要搜集结构化数据，还要搜集非结构化数据。此前，传统企业在进行数据分析时，通常就是通过人工分析内部数据中的结构化数据，分析结果缺乏精准性、时效性，难以为企业的经营发展提供强有力的数据支持。

而大数据技术的应用将有效解决这些问题，其通过应用物联网、移动互联网等技术的智能传感设备为企业实时搜集多元数据，并通过数据分析描绘用户画像，对动态变化的消费需求进行实时追踪，从而优化选品及库存，改善业务流程，指导供应商的生产活动，帮助物流服务商科学合理地配置运力资源等，不但可以提高企业的竞争力，也将为供应链各环节企业创造更多的商业价值。

物流行业大数据应用展现出了十分明显的供应链特征。具体来看，一个完整的数据供应链包括数据搜集、存储、分析、应用等多个环节。数据供应者、数据搜集者、能够存储并分析数据的数据平台、数据应用技术开发商、数据服务解决方案供应商、投资机构、数据消费者等各路玩家都参与其中，共同做大市场蛋糕。

3. 物流企业推动大数据应用的思路

要想在实践中充分发挥大数据的巨大潜在价值，物流企业需要做好以下五个方面的布局：

（1）战略。制定完善的数据资产管理战略，从总体战略角度上，把握资源管控、服务优化两大主线，明确大数据应用的实施方案。在制定战略规划过程中，企业需要结合当前的发展状况，又要把握时代发展规律与潮流。

（2）高层管理者。大数据应用是一项长期而复杂的系统工程，需要高层管理者给予高度重视，在思维模式转变、组织架构调整、资源支持等方面做出实际行动，才能为大数据应用提供强有力的支撑。

（3）流程。对数据资产管理及大数据应用流程进行不断优化完善，比如，在数据收集与分析过程中，要充分整合各渠道数据资源，使企业长期运营发展过程中积累的海量数据得到充分利用，同时，充分利用合作伙伴及第三方数据平台提供的数据，实现供应链各环节企业信息系统的无缝对接，更高效低成本地进行数据交互。

（4）技能。促使大数据技术应用在企业组织内部成为一项常识，内化为员工的基本技能。让企业所有组织成员了解并学习数据应用，从而提高工作效率，完成更高的业绩目标。打破各部门、层级之间的沟通壁垒，使企业领导者、管理者、生产人员、营销人员在大数据应用中实时互动、高效协作，提高企业的盈利能力。

（5）人才。企业需要培养出一批优秀的大数据应用复合型人才。需要指出的是，大数据应用复合型人才不但要掌握大数据相关知识与应用能力，还要具备数学、IT、客户心理及基本业务知识与技能，是企业应用大数据技术的推动者、支撑者。

二、大数据供应链与传统供应链

大数据技术的不断发展成熟和深度应用，有效提升了企业的科学决策能力和水平：通过实时收集供应链运行的全方位数据，对供应链内外部产生的海量、多样化、异构数据进行有效的整合、分析与处理，进而利用先进的分布式数据库系统明确数据间的隐藏关系，深挖数据价值，最终实现对供应链参与者行为的精准预测，并建立数据驱动型决策模式，大幅提升供应链的运行和风险管控能力。

关于供应链风险管理的研究已覆盖到众多领域的供应链，且大都是从风险产生的机理、风险应对策略等角度切入展开相关研究。大数据时代，依托大数据构建供应链是供应链建设的必然趋势，从而导致大数据供应链逐渐成为供应链风险管理研究的重要内容。

然而，多数企业在构建大数据供应链时，将目光主要聚焦在利用大数据技术实现供应链的降本提效上，而对大数据供应链中存在的潜在风险缺乏足够认知和重视。

移动互联网、线上支付的快速发展成熟，要求供应链具有更快的响应速度；此外，投递的时效性和更低库存的要求，以及全球化采购的增多也大大增加了供应链的风险。特别是全球化采购模式导致整个供应链系统愈发庞大复杂，很多企业为集中资源精力深耕核心业务而将众多非核心业务进行外包，造成供应链参与者良莠不齐，再加上大数据应用对供应链运营流程的精简，使得大数据供应链容易受突发事件影响，面临着更多潜在风险。

传统供应链与大数据供应链的运作模式不同，因此两者所面临的风险也有所差异，如图7-3所示。传统供应链是从供应端到需求端的“单向流”的运作模式，供应链末端的销售预测信息自下而上逐级传递，前端生产信息则自上而下逐级传递。这种层层传递的运作模式很容易导致信息在流通过程中出现夸大、偏差、遗漏甚至失真，造成“牛鞭效应”。

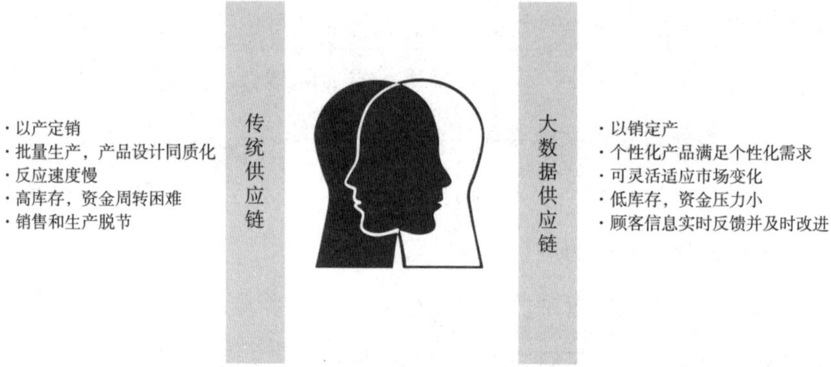

图7-3 传统供应链与大数据供应链的对比

与此不同，大数据供应链则是以大数据分析预测为驱动，且预测并不局限于销售端，而是发生在整个供应链运作中的各个环节。信息传递方面，基于大数据分析的预测信息会实时上传到相关大数据平台上，供应链中的各个成员企业都可以直接从大数据平台获取信息，从而实现信息共享和高效流动，有效避免因信息逐层传递造成的“牛鞭效应”。此外，应用大数据还能获取供应链运作过程中的众多非结构化信息，实现顾客需求的细分定位，从而制定更有针对性的供应链营销策略，实现精准营销。

就目前来看，几乎所有企业都处于各种供应链当中，这些供应链大多具有较高的复杂度，在运作过程中会产生大量数据信息。企业可以加强供应链管理，充分利用供应链产生的数据信息为大数据分析提供支持，并借此进一步提高供应链运作水平。

三、大数据供应链的风险因素分析

大数据供应链面临的风险因素，大致可分为外部环境风险、技术风险和管理风险三个方面。

识别出大数据供应链的风险因素，接下来还应对风险的来源、产生机理等进行深入分析，明确不同风险对大数据供应链的影响，从而为制定有效的风险管控策略提供依据。

1. 外部风险

外部风险主要是社会环境风险和自然环境风险，两者都具有高度的不确定性和不可控性。不论是社会动荡还是自然环境的变化，都可能直接导致供应商生产断裂、交货延迟或者末端客户流失，从而影响整个供应链的平稳运作。与其他风险因素相比，外部风险发生的概率虽然不高，却难以预测，并常常会给供应链带来不可逆的严重影响，成为大数据供应链面临的一个主要风险。

2. 技术风险

依托大数据技术构建的供应链系统，其运作效率和效果与大数据技术的成熟度密切相关，技术上的突破成熟已成为大数据供应链降本增效的最重要方式。当前，我国大数据产业已从起步探索走向快速发展阶段，大数据分析技术和相关应用不断取得突破性进展。

然而，大数据供应链中各成员企业共享一个大数据平台，导致信息泄露风险较高，而一旦成员企业的核心利益遭受损害，必然会严重影响供应链的平稳运行，甚至造成整个供应链破裂。同时，由于缺乏大数据分析技术和大数据专业人才，多数企业在大数据应用方面都是采取业务外包的方式，难以保证大数据技术水平的稳定性，从而成为大数据供应链面临的潜在风险。

3. 管理风险

主要是供应商方面的风险和物流环节的风险。大数据供应链颠覆重塑了以往粗放式的供应商管理模式，实施的是多渠道、双向激励的管理方法。这种更具复杂性和敏感性的大数据供应链管理，导致供应商的风险种类更加丰富和多变，供应商方面的任何微小波动都会被供应链中的其他成员企业敏锐感知，从而使大数据供应链面临着复杂多变的供应商管理风险。

另外，大数据供应链在末端的市场细分要求整个供应链在物流响应方面更加快速精准，然而物流环节常常面临众多不确定因素，难以全面掌控，从而导致物流风险成为大数据供应链管理层风险的一个主要方面。

四、大数据供应链的风险控制策略

具体来看，大数据环境下的供应链风险控制可以从以下四点发力：

1. 建立风险应对能力指标体系

不论是对于生产型企业还是服务型企业来说，供应商都十分重要，稳定健全的供应商网络是供应链系统有效持久运作的基础。大数据技术则在控制供应商风险、实现供应链的稳定良性运营方面发挥着重要作用，因此企业应基于大数据建立供应商的风险应对能力指标体系，实现对供应商风险的有效管控。

大数据供应商风险应对能力指标体系主要包括供应商生产厂址状况、供应商生产恢复能力、供应商的设备柔性、供应商与生产商的沟通情况、供应商质量管理等内容。企业要利用大数据技术对指标体系中的相关数据进行考核分析，若某项指标的考核结果不合格，则可能存在一定的风险，这时就需要企业根据识别出的风险进行精准有效的风险管控，从而保证整个供应链系统的稳定良性运行。

2. 实施精准的物流风险控制

物流是供应链运作中不确定性最高、最难掌控的一个环节，也是推动整个供应链降本提效、增强竞争力的重要切入点。大数据技术则为高效精准的物流控制、降低物流风险因素提供了有效的问题解决方案。

具体来看，大数据在物流风险控制方面的应用主要体现在：利用RFID、GPS等技术，实时采集货物运输过程中的位置、天气状况、货物温度、开箱验视次数、运输路线路况等相关数据，然后将这些实时数据传输到企业大数据平台，通过数据的深入挖掘分析，有效识别并规避货物运输过程中可能存在的安全风险，实现对物流环节的精准控制。基于大数据的物流风险精准控制，在冷链运输等对时间、温度比较敏感的货物运输中具有十分重要的作用。

3. 预测供应链断裂风险

供应链断裂会严重影响企业的平稳运行，给企业带来不可逆转的损失。同时，供应链的断裂在真正发生前虽然会有一定征兆，但多数企业将注意力主要聚集在生产的连续性上而忽视了这些征兆，常常导致在风险来临时措手不及，更不用说提前预测和规避风险。

供应链断裂风险的原因主要是社会自然环境的变化以及全球化采购的不断扩张。对此，企业应积极利用大数据技术，从外部环境数据和供应商的历史数据中，挖掘出传统数据分析技术难以获取的非结构化数据，进而通过大数据分析实现对众多供应源的生产状况以及社会和自然环境变化趋势的精准预测，从而及时发现可能造成供应链断裂的潜在风险，作出合理有效的应对举措，实现风险规避。

4. 识别外包业务与业务外包风险

在竞争愈发激烈的市场中，很多企业为保证自身核心竞争力，将更多资源精力集中到核心业务的运营上，而将一些非核心业务外包出去。因此，如何有效识别企业众多非核心业务中需要外包的业务，以及如何规避业务外包后企业内部信息泄露的风险，成为供应链风险管理的重要内容。大数据技术则提供了有效的问题解决方案。

通过应用大数据，企业可以明确自身的业务能力和供应商的业务能力，制定详细合理的业务外包策略，从而确定需要外包的非核心业务；在应对信息泄露风险方面，大数据平台则可以针对不同企业设置不同的数据获取权限，从而有效避免企业内部数据的泄露问题。

同时，大数据分析技术本身也是很多企业的一项外包业务，由此产生的一个潜在风险是大数据技术水平不稳定；此外，多数企业也缺乏兼具管理能力和大数据分析能力的综合型专业人才，从而导致企业在应用大数据供应链的过程中存在一定风险。

作为一种互联网信息化前沿技术，大数据技术的迅猛发展和深入应用变革重塑了传统供应链模式，拓展了供应链的想象空间和发展思路。然而，大数据供应链在推动整个供应链系统降本增效的同时，也面临着更加复杂多样的风险。

因此，供应链中的各成员企业不能只看到大数据技术带来的巨大效益，也要高度重视大数据供应链面临的各种风险因素，基于大数据采取有效的风险管控。需要注意的是，大数据环境下的供应链风险管理是一项复杂的系统性工程，因此对供应链中风险因素的识别要综合考虑供应商、制造商、零售商等各成员的潜在风险。

第八章

数字化转型

第一节 拥抱AI：企业组织变革的新引擎

一、决策智能：重塑未来组织新形态

当下，由AI技术掀起的变革浪潮正席卷而来，推动着企业组织架构和运营模式的快速革新。随着AI技术在全球范围内的迅速推广，其在社会经济中发挥着越来越重要的作用。

从发展机遇角度看，AI的应用拓宽了企业在多个方面的发展空间。从功能角度来看，AI几乎实现了企业运营中所有领域的全覆盖，实现了各领域的流程优化，提高了工作处理效率。比如在市场营销方面，AI能够进行用户历史行为和活动数据的深度学习，形成精准的用户画像，并预测市场的需求方向，为企业运营计划的制订提供依据。

随着AI相关技术的发展，合成数据所生成的营销信息占对外营销信息总量的比例将逐步提高，这能够极大降低企业运营中的数据收集成本，更好地集中营销资源用于高附加值的价值创造活动。在决策方面，AI与人工协同的决策体系能够进一步提升决策的灵活性和准确性，全球AI衍生商业价值都将可以由决策智能创造。在企业运营管理方面，根据麦肯锡研究成果，生成式AI与其他科技的应用将使当前工作的自动化率达到60%～70%。同时，哈佛大学与波士顿咨询公司的合作研究也表明，在工作中使用AI工具的被测者拥有更好的工作表现。

同时，AI的应用也为企业带来了一定的挑战。首先，AI在企业中的渗透重塑了企业的人才选择标准，由过往看重人员的专业能力转变为重视人与AI的交互能力、AI工具的使用能力和AI的技术理解能力，同时，这些能力也将直接决定员工的工作处理效率和质量，这意味着人才培养内容将相应作出调整。麦肯锡研究指出，AI将提前10年取代人类工作，2030—2060年的30年间被AI取代的职业占比将达到50%。其次，在企业组织变革过程中，人类的主观决策与AI的纯客观决策将存在一定冲突，需要企业做好二者间的协调统一，不能过于依赖AI的纯理性判断。如在目标设定方面，虽然使用AI模型能够进一步科学地综合各类影响因素，通过模型提供理论最优解决方案，但是不同的部门仍需要以模型为基础进行人性化考量，以确保方案与现实情况吻合，这时不仅需要AI的技术支持，还需要好的团队文化。

1. 工作任务的替代与新增

根据世界经济论坛调查报告，到2027年，全球工作岗位将缩减1 400万份，其中记录和行政岗位缩减量将达到2 600万，如数据录入员和行政秘书等岗位，将被大量压缩。

与此同时，AI的应用也不仅仅意味着岗位的淘汰，同时也推动了新岗位的衍生，如咨询公司中，数据维护、编程等工程师型人才成为企业刚需。在数据标注、数据治理等新兴领域，也将存在更多的新型岗位空缺。以中国联通软件研究院为例，AI技术的引入使得客服人员规模由过去的20 000人缩减至当前的8 000人，旧有的行政服务类岗位被新的数据标注等岗位所替代，这表明AI影响着企业内部的人员需求变化，加速了企业内部岗位类型的变更，推动了企业组织的革新。

2. 组织结构的重塑

AI或将推动建立新的现代企业组织格局。在企业中，技术的进步必然要通过具体的应用场景向上传导，抵达企业的组织管理层，带来革新与发展。AI的引入，推动了组织架构向着更加民主、科学、规范的方向发展，这主要是因为传统组织架构在AI引领下的企业中已难以满足新的需要。

新的技术背景下，企业推动组织变革需要注意两个方面：一是，多进行场景探索与实践，勇于试错，如一些团队中可以尝试使用Llamaindex制作的知识库回应客户咨询，使用DeepSeek撰写营销材料等；二是，以扁平化的管理模式代替过往的金字塔形式，以集思广益代替少数人决策，从而更好地发挥企业人才资源作用。

3. 关键影响与利润增长

AI大模型有望成为一种变革性力量，成为企业变革的重要动力引擎。几乎所有参与埃森哲调研的企业高管都有一个共识：未来三至五年内，基础模型对企业组织战略的影响是决定性的。

企业中人工大模型的应用带来的影响主要表现在三个方面：一是，推动企业中原本的知识共享转变为知识创造、知识沉淀；二是，可以生成合成数据，为新品研发提供支撑；三是，可以对影响企业未来发展的各项指标进行精准预测，提升企业战略和业务规划的科学性。AI大模型正缓缓揭开新的商业世界的序幕，成为企业组织变革的重要动力来源。

二、技术应用：赋能企业数智化转型

随着AI技术对企业的快速渗透，AI已成为托举企业数字化转型的支撑性力量。它不仅能够推动企业生产各个环节的自动化转型，还能够通过对数据的深度挖掘提升企业的风险研判、市场洞察和决策分析能力，推动企业各个维度的智能化发展。

AI的整体架构涉及多层次的技术搭建和多模块的功能集成，需要经历数据输入、处理、决策支持等多个环节。其中，AI大脑是AI的核心，在机器人流程自动化（RPA）、物联网（IoT）等技术的配合下，形成企业智能化转型技术体系，夯实企业发展的智能化基础：

- AI大脑：整个系统的智慧中枢，主要工作内容为深度学习数据，识别任务模式，结合预测信息作出决策。主要以深度学习、机器学习等技术为支撑，实现海量数据的价值提取。
- RPA流程自动化平台：主要负责机械化、重复性任务的执行，代替人工产线，提高工作效率，提升任务精度，增加每日价值创造总量。
- IoT平台：借助传感器和智能设备，物联网平台通过数据打造现实世界与虚拟空间的沟通桥梁，同时协同AI系统，帮助企业实时同步设备的运营状态信息，检测维护需求和执行设备的工作决策。

这些技术不仅推动了企业现代新型运营方式的形成，同时为企业运营提供了高水平的智能化管理助手，有利于企业在激烈的市场竞争中快速建立比较优势。

1. AI大脑：从数据到决策的核心驱动

AI大脑是企业智能化系统中的“神经中枢”，负责读取、整理和分析来自企业内部各个部门的数据，同时通过智能算法和功能模型实现市场洞察，并作出相应的判断，为决策提供支撑性条件。其应用领域涉及人力资源、客户服务、供应链、行政、财务等多个业务部门。

（1）财务管理：AI大模型能够代替人工执行发票核对、财务报表生成等单一重复的流程性操作，用更高的任务处理精度、更快的任务处理速度弥补了人工操作存在的不足，同时，其在任务处理过程中还能够自动统计、分析财务数据，为企业提供相应的决策建议。

（2）人力资源管理：在人员招聘、绩效考核等人力资源管理任务中，AI能够使用信息匹配、职位分析等方式快速定位到满足企业人才需求的求职者，同时通过分析各部门的人员排布、各岗位的职能内容形成最优的人力资源配置方案。

（3）行政与客户服务：AI通过智能化邮件管理、AI客服等，在人工处理之前使用机器进行任务的预处理和分流，能够在提升任务处理速度的同时进一步节省人力成本，实现了任务处理过程中的资源优化。

AI技术不仅让企业的日常运营变得更快、更高效，实现了流程优化，同时还赋予了企业强大的市场预测与业务决策能力，从而让企业的管理能力更上一层楼。

2. RPA流程自动化平台：提升效率的利器

RPA流程自动化平台是AI体系中的动作执行模块，能够代替人类完成各种机械化、低附加值的流程性工作，在提升企业运营效率、节省企业运营成本等方面意义重大，其主要应用领域包括财务对账、行政文书管理、人力资源管理等。

（1）在相应的规则指导下，RPA能够自动执行录入财务数据、生成报表、对账等工作，解决了人工处理失误率高的问题，提升了财务管理工作的处理质量。

（2）在行政管理中，RPA可以实现邮件的自动处理、报告的智能生成、日期的科学统筹与行程的全面安排，从而将原岗位的人才资源优化至更具价值创造能力的岗位。

（3）通过应用RPA，企业的客户服务部门能够提供全天候的智能咨询服务，自动结合业务进度邀请客户填写信息并完成录入，从而提升客户服务的时段覆盖能力和处理速度，提升客户服务满意度。

RPA流程自动化的关键优势在于提升企业的任务处理精度和工作完

成速度，帮助企业解决人工存在的主观判断失误、服务市场有限等问题，能够保证任务执行的前后关联。同时，它也帮助企业将更多的人才从低价值创造岗位上解放出来，实现了企业整体运营水平的提升。

3. 物联网（IoT）平台：智能运维的未来

在整个AI体系架构中，物联网（IoT）平台通过数据打通了现实世界与物理空间，借助传感器和边缘计算设备，该平台实现了企业生产层、办公层、原料供应层等多个环节的高效互联，精准获取企业各个运营场景的一手数据，为AI大脑提供数据资源。IoT与AI的结合形成了从数据监控到智能维护的衔尾结构。

（1）借助物联网设备，企业能够在第一时间获取设备的运行数据，将计算资源、存储资源、网络资源的使用情况同步至管理控制中心，作为运营过程中资源分配、生产计划制订的依据。

（2）预测性维护是AI与IoT结合的核心优势，通过持续学习和收集设备的历史运行数据建立设备运行的预测模型，同时通过对设备当前状态的监控提前预测设备故障，并立即向维护人员报警，在故障尚未造成生产损失前解决问题，降低故障的维护成本。

（3）IoT平台不仅能进行数据的收集，还能与AI系统协同打破设备管理的时空阻碍，进行远程管理、调试设备、干预生产流程等。

物联网平台与AI的结合，变革了企业的生产与运维管理方式，让企业在设备管理与资源配置方面拥有更多的主动权，推动企业运营体系从聚焦于生产认知的数据监控升级至聚焦于生产管理的智能运维。

三、落地路径：数字化组织变革实践

1. 优化组织结构

亚马逊、谷歌等公司在AI技术应用方面率先取得了成功，这些企业迅速实现了企业内的AI技术推广普及，有效地改善了原有的管理模式，实现了管理效率的大幅度提升。

以谷歌公司为例，通过将AI学习算法应用于人才与空缺岗位的对接，能够快速帮助招聘人员认知企业的用人需求并定位到合适的人选，缩短了招聘周期。

2017年3月，谷歌CEO孙达尔·皮柴宣布公司成为AI优先组织，同时公开了一系列AI应用场景，包括研发专用芯片、探索更具通用性的机器学习方法等。当月，在经历了“移动优先”和“云优先”之后，微软也宣布正式进入“AI优先”阶段。这些公司在运营过程中，将聚焦点从“硬资产”转向了“软资产”，利用AI技术进一步释放数据等要素的潜力。

2. HR与AI的融合

HR+AI成为企业变革中的关键力量。HR与AI的融合不仅是工具升级，更重塑了企业数字化转型的“神经中枢”。通过数据贯通、智能决策和体验重构，HR与AI的融合能够推动企业从“经验驱动”转向“数据驱动”，实现人才价值最大化与业务创新的双赢。未来，随着AI相关技术的进步，HR有望深度参与塑造智能组织形态，成为企业数字化转型的核心引擎。

多面是同道猎聘旗下的一款AI驱动的数字助理，拥有着极强的人才评鉴能力，其推出的AI助理多面Doris不仅能够在招聘环节辅助进行人才筛选，同时还能在企业组织内部执行智慧诊断任务，通过数据分析辅助人才盘点，进行人才晋升评估。该AI助手拥有着深厚的理论积累，覆盖冰山模型七个层级的100多个评估维度，同时学习了企业多年来的实践数据，能够结合岗位需求的动态变化制定最优的人员评选标准，精准筛选出企业最需要的人才。

此外，通过大量的对话训练，该AI助手具备了自动化追问能力，能够进一步深挖候选人未直接表现的潜力特质，确保人才评估的科学性与全面性。“多面·AI”面试自动化多重深度追问技术已获得国家发明专利，其人才评估结果与面试官评估结果相比准确度能够达到90%以上，能够识别到95%以上的作弊行为，此外还支持多语环境，能够为企业节约90%以上的成本。

3. 变革成功的助力

通过数字化系统为企业赋能，需要聚焦流程、组织和IT系统三要素。

在流程方面，变革应切中业务需要，以需求为导向重塑业务结构、更新业务策略、优化业务流程，同时结合市场环境与企业经营实际进行业务规则完善。在组织方面，通过整合组织内部资源，综合考虑组织结构、激励、职责、考核、岗位等要素，提高资源配置的合理性和适切性，确保组织能够为业务实施提供支撑。在IT系统方面，通过引入高水平的数字化、AI、数据等技术，打造专门的诊断系统、管理系统、业务系统等数字化运营工具，提升业务处理的质量和效率。

4. 应对组织变革的策略

面对AI应用带来的机会与冲击，企业应变垂直化管理为扁平化管理，以工作内容为统领，带动组织内成员持续学习，不断适应新型组织的模式更新。

例如，企业可以在AI技术的支撑下完成对新组织模式的低成本测试，借助AI的条件预设功能，前瞻性模拟各类组织革新方案、开展情景规划与情景训练、为员工智能推送个性化消息与建议等。同时，企业还应训练组织及组织内部成员的思辨能力，培养质疑精神，始终保持探索的热情，不断提高驾驭AI工具、搭建高水平框架的能力。

5. 智简组织转型

在AI技术潮流引领下，智简组织的转型需要从提高工作效率与降低工作成本两方面入手，建立具有持续性和长期影响力的协同机制。明确客户这一“关键核心”，聚焦于用户需求进行产品和服务计划的制订；简化企业业务流程，重点锚定主干业务发力，优化非核心业务，以“精、简、能”为组织建设标准，提升组织业务处理的机动性，进一步完善组织内部的自动化、数字化和生态化部署，提升组织的智能化与现代化水平。

以阿里为例，近年来，该企业以用户体验升级为目标，修剪组织冗余枝叶，通过岗位合并、层级删减等方式降低组织的垂直化程度，简化内部业务执行流程，实现降本增效。未来，组织的人才需求将进一步向具有AI应用能力的数字化人才倾斜，从而更好地打造人机协同化组织。

四、AI 驱动企业组织变革的未来展望

1. 未来发展趋势

（1）随着企业需求越来越趋向精细化、定制化，AI定制未来的市场潜力巨大，企业可以结合自身运营的实际，预设AI的相关指标，定制AI解决方案，以便AI技术与企业实现深度融合。例如，在制造业中，企业可以定制与产品制造工艺相吻合的AI解决方案，以更好地安排生产计划，提高生产效率。

（2）开源AI模型对社会各行各业渗透程度的加深将推动行业进入技术平民化时代，这对一些基础薄弱的小微企业而言无疑提供了巨大的发展机遇，在这些模型的支撑下，将破除AI功能的技术壁垒。例如，在软件开发领域，使用开源模型能够帮助企业将已有的知识作为技术铺

垫，以更低的成本开发出精准对接需求的智能应用程序。

（3）API将推动AI功能完美嵌入现有的企业系统，实现AI功能在企业业务执行过程中的快速应用，缩短适应期。微服务架构将能够进一步提高这种功能结合的速度，降低AI解决方案的部署与管理难度。例如，在金融行业，API驱动的AI能够快速承担起各个岗位的工作任务，实现风险评估与投资决策的自动化。

（4）生成式AI的创作内容将得到进一步的拓展，从最初的文本发展为包括图像和音频的多种模式，丰富企业创造的形式，提升内容的表现力。例如，在广告和营销领域，多模态生成式人工智能能够创作出更具有吸引力、更贴合企业形象的广告内容。

（5）随着网络安全问题的日益凸显，AI辅助维护网络安全的能力将受到越来越多的重视。借助AI技术，可以提升网络入侵的检测能力和网络安全事件的处理能力。例如。在企业网络安全防护中，AI能够通过网络流量的实时变化提前识别入侵行为，并反向溯源追踪解决入侵来源。

（6）企业的可持续发展将越来越离不开AI的支撑，通过AI更好地实现资源精准化分配，不断洞察生产规律从而实现工艺优化，减少资源浪费。例如，在能源管理领域，AI可以通过智能资源调度减少能源等待时间，最大化发挥能源价值。

2. 把握机遇实现可持续发展

（1）随着AI与企业业务的结合程度不断加深，企业对AI专业人才的需求将进一步提升，企业应进一步重视AI人才队伍建设，通过引进+培养相结合的方式汇聚最专业的人才力量，提升企业员工整体的AI技术操作和伦理认知水平。例如，企业可以与高校合作开设专门的AI定向课程和实习项目。

（2）企业应积极整合社会资源，与其他企业、科研院所和政府部门展开合作，共同构建积极健康的AI培育体系。通过合作，企业之间能够共享资源、技术和经验，催化AI驱动的组织变革。例如，企业可以通过参与行业协会组织的AI创新项目，进一步探索AI应用的新方向。

（3）随着AI的应用面不断扩大，伦理标准问题对AI的持久应用意义重大，企业应当充分重视这一问题，制定相关的伦理规范，确保AI使用在道德和法律的允许框架之内，并进一步保障AI的应用安全。例如，企业通过制定数据隐私保护政策指导AI的规范应用。

（4）AI技术的发展与日俱进，企业应始终关注最前沿技术，不断进行策略升级。例如，企业可以通过参加行业会议和研讨会，紧跟AI当下的发展前沿，保持技术趋进。

（5）在AI驱动的组织变革中，企业应始终聚焦用户体验，通过AI技术全面、高效、精准地满足客户需求。例如，企业可以通过AI深度学习客户数据，提升对客户需求的认知能力，从而使所提供的服务切中客户痛点。

总之，AI驱动的企业组织变革既为企业提供了更多机会，同时也形成了一定冲击，企业应加强形势研判，提升对AI的理解，合理制订相应的战略计划，推动持续发展。

第二节　企业 AI 的部署策略与实践指南

一、企业 AI 的典型应用场景

随着技术与社会经济的结合不断深入，AI在商业领域的影响力越来越大。企业若想在这场技术推动产业革新的浪潮中抓住机遇，就必须将AI作为企业战略规划蓝图中的关键部分，以数字化支撑智能化，以智能化托举产业发展高端化，通过重新构建业务处理链条、提升决策效率实现全方位的企业升级，让企业获得更高的价值创造能力。

随着AI技术场景覆盖能力的不断提升，企业的各个领域也获得了越来越多的高端化发展契机，下面通过部分核心场景的应用对此展开详细介绍。

1. 协同办公

在协同办公场景下，AI的引入提升了企业办公的交流与协作效率，大幅提升了各类日常办公操作的便捷性与智能化水平——通过实时语音识别和转录，AI能够自动形成会议纪要，并突出会议中的关键决策、重点任务安排，同时依此生成智能工作任务计划，按照时间节点跟踪任务的完成情况。此外，AI还能进一步进行时间统筹，协调团队各成员的任务安排，提高会议安排、工作计划的科学性，实现对时间的高效利用。

2. 知识管理

在知识管理领域，AI能够辅助企业建立起具有开放性、高度结构化的动态知识体系，AI系统能够实现对企业内部重要业务文件的管理，对文档、报告、项目书等进行归类存档，并将一些典型业务案例沉淀为知识样本，形成企业专属的内容树，并提供相应的检索界面实现与员工的交互。通过自然语言查询，员工能够迅速搜集到与业务相关的所有知识。此外，AI也能够通过员工账号中历史查阅内容的记录对员工进行智能画像，实现知识的精准推送。

3. 内容生成

AI在内容生成领域的应用，为企业提供了一个创意化的文案编辑助手。

首先，在创作速度上，AI内容生成能够快速学习企业、项目的相关知识，在此基础上生成市场分析报告、广告文案、推广内容等，大大提升了文案编辑效率。

其次，在内容质量方面，AI所生成的内容以对海量企业材料、大量商务问题的学习为基础，能够保证生成的内容贴合企业实际，前后关联性强，同时AI的发散性也决定了其内容的丰富性和全面性。

最后，在内容优化方面，AI能够通过用户行为分析不断对生成的内容进行改进，并从不同的角度为相关工作人员提供灵感。

4. 数据分析

AI的数据分析能力实现了企业洞察的数字赋能。在深度学习和数据分析技术的支撑下，AI能够实现对海量数据整理和分析，对数据进行智能化解释同时抽取数据中能够支撑企业业务决策的高价值知识。

其具体应用领域主要包括三个方面：市场分析方面，AI大模型能够总结历史市场数据中的规律，并在此基础上深度捕捉市场变化，帮助企业规避风险或发掘新的市场机会；辅助决策方面，AI的数据分析与监控功能能够实现对市场数据的监控，从而帮助企业及时调整市场计划，提供决策依据，在合适的时机帮助企业建立优势；破除数据的黑箱效应方面，通过可视化手段将数据更加直观地呈现出来，提高决策过程中数据的接收效率，进一步增强数据的可用性。

二、企业AI部署的核心步骤

企业AI的部署需要综合多方面信息，具体步骤如图8-1所示。

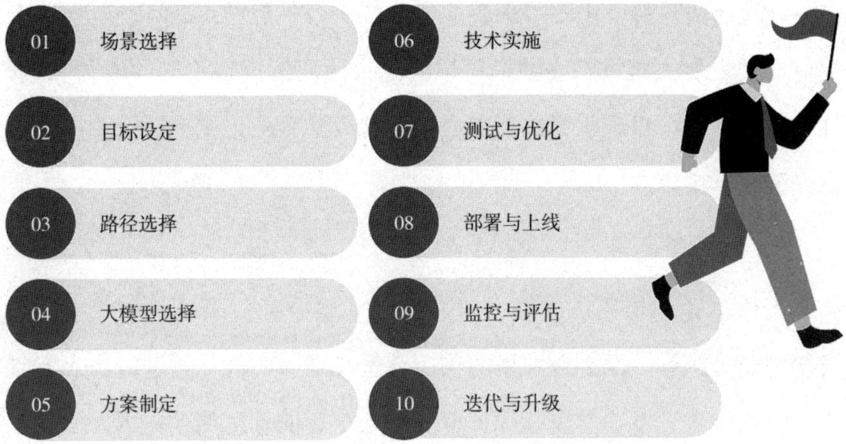

图8-1　企业AI部署的核心步骤

1. 场景选择

企业应从需求切入，全面审视当前的生产流程和管理环节，顺应企业业务内在逻辑，评估AI技术在各个领域、各个节点的效能发挥情况，优先将AI赋能优势明显的核心环节纳入AI部署计划。这一点可以通过数据分析工具实现。此外，企业还应深度整合数据资源，为AI部署提供可靠的数据环境。

2. 目标设定

科学、精准的目标能够为AI项目提供方向指导，决定了AI项目的建设高度。因此，企业应结合当前发展需求与未来战略远景，制定清晰的AI应用目标。目标的制定既应包括业务开展方面的客户满意度、产品上市周期、成本控制等方面，同时还应兼顾技术层面具体的指标数值，包括模型的准确率、不同级别和规模数据的具体处理速度等。只有实现了目标量化，才能制定相应的效果评估标准。

3. 路径选择

在路径选择方面，既要联动目标，确保所选择的路径能够低成本、高效率地达成目标，也要考虑企业自身的资源条件与市场环境。如对于资金、技术实力雄厚的企业，可以通过自主研发获得更多的专利利润，打造技术优势；对于想要快速完成技术部署的企业，则更适合直接采购成熟解决方案。

4. 大模型选择

大模型是AI应用的大脑，直接决定了整个AI部署项目的成效。大模型的能力越强，则企业应用的响应速度越快、智能化程度越高。但越强的模型能力也意味着更高的训练成本与更长的训练周期，因此企业应综合考虑这些因素，选择与当前企业情况适配度更高的模型。

5. 方案制定

企业要制定全面的AI部署方案将AI项目的目标通过具体的要求、行动成功落地，并统领整个AI部署过程，提高效率，节约成本。AI部署方案应包括具体的技术搭建逻辑、系统功能集成、数据资源管理、人员培训、风控管理等多个方面，同时做好时间和财务上的规划，并设立相应的考察机制。

6. 技术实施

方案确定后，企业应开始搭建项目的技术框架，包括AI平台打造、企业内系统的互联互通、数据传输通路的部署等。该阶段的行动需要建立在多部门协同的基础上，确保技术方案紧贴企业业务需求，能够在部署完成后有效发挥作用。

7. 测试与优化

以技术实施为前提，进一步测试系统，优化性能参数，保证AI应用能够按照预设计划工作，进行价值创造与生产赋能，同时进一步优化用户体验，提升用户满意度。

8. 部署与上线

完成测试与相关参数的调试后，企业可以开始细化AI应用在各业务系统中的部署，此阶段需要确保系统运行稳定、做好数据保护工作并尽可能地使应用功能具有更强的可接受性和可理解性。

9. 监控与评估

完成AI部署后，企业仅仅迈出了数字化转型的第一步。在此之后，还应思考如何确保AI应用功能的全面发挥，提升其价值创造能力。

10. 迭代与升级

随着技术的发展和应用场景需求的变化，AI也需要与时俱进，不断优化升级。企业应提升自身技术体系的开放性，不断吸收最新的技术和知识，响应市场前端变化，以确保发展的可持续性。

三、企业AI部署的常见误区

在AI部署过程中，企业需在五个方面加以注意，以更好地规避风险，减少不必要的损失，如图8-2所示。

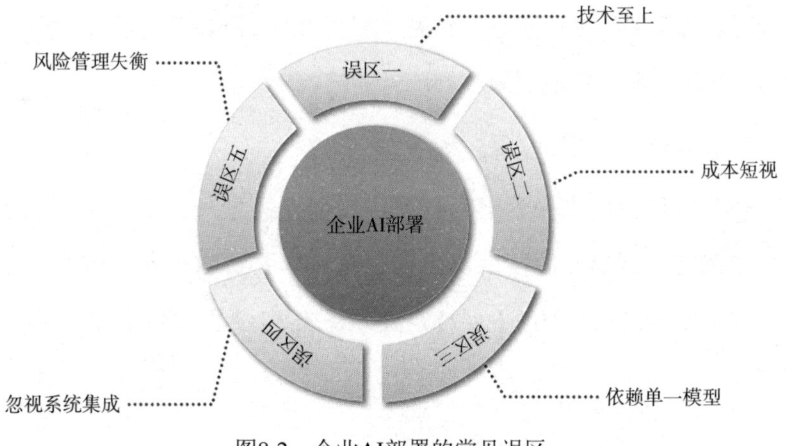

图8-2　企业AI部署的常见误区

1. 误区一：技术至上

企业应明确AI部署最终的落脚点是整体业务能力的提升，因此在建设过程中应注重功能与业务需要的对应性，避免过于追求技术领先而导致部分应用难以落地。

2. 误区二：成本短视

在进行AI项目评估时，企业应着眼于长远发展，既要看到短期投入与价值创造能力，同时应计算长期运营过程中利润与成本之间的动态关系，以及技术革新难度。一些企业因为AI部署初期投资过高而选择放弃，实际上就犯了成本短视的错误。

3. 误区三：依赖单一模型

模型的多样性和可拓展性，决定着企业对市场需求变化的适应能力，也是企业进行技术创新的前提。因此，在AI部署过程中，企业应注意提升模型的可拓展性，丰富技术引入，以提升企业的发展韧性。

4. 误区四：忽视系统集成

AI项目的效能除了依赖于模型本身的质量，还与其所在的系统建设情况息息相关，企业应着力于提升AI应用对系统的渗透程度，保证业务信息与AI处理应用的高效互动。

5. 误区五：风险管理失衡

企业应寻找技术探索空间与项目安全推进之间的平衡点，尽可能给技术留有一定的发展自由，让企业充分享受到AI技术发展带来的红利，同时能够在关键问题上保持定力，管控好风险，避免造成不必要的损失。

四、企业AI部署的实践对策

在AI部署过程中，企业需要通过以下策略保证项目的顺利推进和效果的长期留存。

1. 业务为纲

在AI部署过程中，企业应充分聚焦于业务需要，确保AI技术应用能够赋能业务流程，提高业务处理效率、降低业务处理难度。这要求决策者对企业业务环节和AI作用逻辑都有深刻的洞察。

2. 机制兜底

通过建立科学完善的机制，确保完成部署后的企业AI能够正常发挥其效能，该机制的建设重点应聚焦于风控管理、数据保护和技术监控三个方面。此外，企业还应确保AI应用的合理性、合法性和合规性，多向相关部门咨询有关问题。

3. 人才培养

人才是企业AI发挥其效能的重要保证。随着AI部署的落地，企业应对员工展开相应的AI操作技能培训，并推动其理解AI的赋能逻辑；应着力打造一支以跨学科人才为主力的工程师队伍，实现人员对设备、技术和应用实践的串联。

4. 持续创新

企业应培养与AI技术赋能相适应的新文化，提倡通过技术方面的进步来提升企业的价值创新能力，同时进一步整合企业资源，节省企业运营成本，丰富业务模式，提高市场适应能力。

5. 技术与业务的深度融合

AI在企业业务中的应用不能够局限于辅助业务中的信息交流、部门协作，应进一步发挥AI对业务方式的变革作用，对业务逻辑的重塑功能，推动AI融入新品研发、客户体验优化、市场趋势分析等关键核心环节。

随着AI技术的不断进步和外部需求的变化，AI部署已成为实现企业升级、推动企业高端化发展的动力引擎。前文提到的AI部署要点与实施遵循，将帮助企业打造一个以AI技术为支撑的企业运行系统，实现内部业务的智能化、数字化与协同化。

在智能化转型的过程中，企业既要紧跟技术发展潮流，不断吸收先进技术，提升企业的总体技术服务水平；同时，也要明确业务需求的导向地位，保证AI部署的业务落地价值，根据场景选择模型与路径，结合企业资源情况和外部市场环境制定部署方案，打造与企业自身情况高度适配的AI生态。

此外，企业在AI部署过程中应注意规避常见问题，如过于追求技术水平上的前沿性，而忽视了AI的落地价值，造成AI项目的现实应用意义不高；难以对AI体系建设的短期投入与长期增益形成有效认知；仅重视AI能力的高低而忽视了系统集成环境等。有价值的AI应该是能够链接起企业的业务需要与战略发展目标，采用性价比最高的模型与使用路径，同时保证系统建成后的持续增值能力。

展望未来，AI技术与企业发展间的融合程度将进一步加深，AI也将成为现代化企业发展的核心动力源泉之一。作为企业，应充分认识到AI在促进企业高端化转型、实现生产力跃迁中发挥的重要作用，不断进行新的功能探索和场景开发，追求新的突破，以尽早在瞬息万变的市场环境中抢占技术高地。

参考文献

[1] 张学工.关于统计学习理论与支持向量机[J].自动化学报，2000，（01）：36-46.

[2] 毕文轩.生成式人工智能的风险规制困境及其化解：以ChatGPT的规制为视角[J].比较法研究，2023，（03）：155-172.

[3] 喻国明，苏健威.生成式人工智能浪潮下的传播革命与媒介生态：从ChatGPT到全面智能化时代的未来[J].新疆师范大学学报（哲学社会科学版），2023，44（05）：81-90.

[4] 陈永伟.超越ChatGPT：生成式AI的机遇、风险与挑战[J].山东大学学报（哲学社会科学版），2023，（03）：127-143.

[5] 陆伟，刘家伟，马永强，等.ChatGPT为代表的大模型对信息资源管理的影响[J].图书情报知识，2023，40（02）：6-9+70.

[6] 朱光辉，王喜文.ChatGPT的运行模式、关键技术及未来图景[J].新疆师范大学学报（哲学社会科学版），2023，44（04）：113-122.

[7] 李小庆.数智融合推动金融业全面数字化转型研究[J].金融科技时代，2022，30（10）：8-15.

[8] 田秀娟，李睿.数字技术赋能实体经济转型发展：基于熊彼特内生增长理论的分析框架[J].管理世界，2022，38（05）：56-73.

[9] 刘艺璇，陈红，刘宇涵，等.联邦学习中的隐私保护技术[J].软件学报，2022，33（03）：1057-1092.

[10] 陈晓红，李杨扬，宋丽洁，等.数字经济理论体系与研究展望[J].管理世界，2022，38（02）：208-224+13-16.

[11] 梁天恺，曾碧，陈光.联邦学习综述：概念、技术、应用与挑战[J].计算机应用，2022，42（12）：3651-3662.

[12] 朱建明，张沁楠，高胜，等.基于区块链的隐私保护可信联邦学习模型[J].计算机学报，2021，44（12）：2464-2484.

[13] 刘双印，雷墨鹥兮，王璐，等.区块链关键技术及存在问题研究综述[J].计算机工程与应用，2022，58（03）：66-82.

[14] 殷浩栋，霍鹏，肖荣美，等.智慧农业发展的底层逻辑、现实约束与突破路径[J].改革，2021，（11）：95-103.

[15] 邱锡鹏.神经网络与深度学习[M].北京：机械工业出版社，2021.

[16] 赵春江.智慧农业的发展现状与未来展望[J].华南农业大学学报，2021，42（06）：1-7.

[17] 李少波，杨磊，李传江，等.联邦学习概述：技术、应用及未来[J].计算机集成制造系统，2022，28（07）：2119-2138.

[18] 赵春江，李瑾，冯献.面向2035年智慧农业发展战略研究[J].中国工程科学，2021，23（04）：1-9.

[19] 赵宸宇，王文春，李雪松.数字化转型如何影响企业全要素生产率[J].财贸经济，2021，42（07）：114-129.

[20] 田玲，张谨川，张晋豪，等.知识图谱综述：表示、构建、推理与知识超图理论[J].计算机应用，2021，41（08）：2161-2186.

[21] 陈媛媛，游炯，幸泽峰，等.世界主要国家精准农业发展概况及对中国的发展建议[J].农业工程学报，2021，37（11）：315-324.

[22] 方巍，张宏亮，谢志华."大智移云"背景下国美财务的智慧化转型[J].财务与会计，2021，（09）：16-19.

[23] 周传鑫，孙奕，汪德刚，等.联邦学习研究综述[J].网络与信息安全学报，

2021，7（05）：77-92.

[24] 孙浩钧，麦传青，孙嘉蔚.金融科技是传统金融转型升级的必由之路：以平安银行为例[J].时代金融，2021，（07）：50-52.

[25] 祝合良，王春娟."双循环"新发展格局战略背景下产业数字化转型：理论与对策[J].财贸经济，2021，42（03）：14-27.

[26] 陈亮.智能制造背景下智慧物流供应链建设研究[J].商业经济研究，2021，（05）：104-107.

[27] 许德刚，王露，李凡.深度学习的典型目标检测算法研究综述[J].计算机工程与应用，2021，57（08）：10-25.

[28] 陈兵，成翔，张佳乐，等.联邦学习安全与隐私保护综述[J].南京航空航天大学学报，2020，52（05）：675-684.

[29] 谭作文，张连福.机器学习隐私保护研究综述[J].软件学报，2020，31（07）：2127-2156.

[30] 李舟军，范宇，吴贤杰.面向自然语言处理的预训练技术研究综述[J].计算机科学，2020，47（03）：162-173.

[31] 刘俊旭，孟小峰.机器学习的隐私保护研究综述[J].计算机研究与发展，2020，57（02）：346-362.

[32] 李春发，李冬冬，周驰.数字经济驱动制造业转型升级的作用机理：基于产业链视角的分析[J].商业研究，2020，（02）：73-82.

[33] 宋志秀.大数据驱动下我国商业银行构建智慧金融的策略研究[J].当代经济，2020，（01）：112-114.

[34] 王健宗，孔令炜，黄章成，等.联邦学习算法综述[J].大数据，2020，6（06）：64-82.

[35] 林楠.供应链视角下智慧物流模式发展策略选择[J].技术经济与管理研究，

2019，（12）：60-64.

[36] 杨林瑶，陈思远，王晓，等.数字孪生与平行系统：发展现状、对比及展望[J].自动化学报，2019，45（11）：2001-2031.

[37] 杨强.AI与数据隐私保护：联邦学习的破解之道[J].信息安全研究，2019，5（11）：961-965.

[38] 兰玉彬，王天伟，陈盛德，等.农业人工智能技术：现代农业科技的翅膀[J].华南农业大学学报，2020，41（06）：1-13.

[39] 肖旭，戚聿东.产业数字化转型的价值维度与理论逻辑[J].改革，2019，（08）：61-70.

[40] 彭颖璐.我国智慧型商业银行经营模式创新研究[D].江西财经大学，2019.

[41] 郑远攀，李广阳，李晔.深度学习在图像识别中的应用研究综述[J].计算机工程与应用，2019，55（12）：20-36.

[42] 赵春江.智慧农业发展现状及战略目标研究[J].智慧农业，2019，1（01）：1-7.

[43] 李佳.基于大数据云计算的智慧物流模式重构[J].中国流通经济，2019，33（02）：20-29.

[44] 陶飞，刘蔚然，张萌，等.数字孪生五维模型及十大领域应用[J].计算机集成制造系统，2019，25（01）：1-18.

[45] 万里鹏，兰旭光，张翰博，等.深度强化学习理论及其应用综述[J].模式识别与人工智能，2019，32（01）：67-81.

[46] 杨挺，赵黎媛，王成山.人工智能在电力系统及综合能源系统中的应用综述[J].电力系统自动化，2019，43（01）：2-14.

[47] 糜泽花，钱爱兵.智慧医疗发展现状及趋势研究文献综述[J].中国全科医学，2019，22（03）：366-370.

[48] 徐继伟，杨云.集成学习方法：研究综述[J].云南大学学报（自然科学版），

2018，40（06）：1082-1092.

[49] 胡越，罗东阳，花奎，等.关于深度学习的综述与讨论[J].智能系统学报，2019，14（01）：1-19.

[50] 刘建伟，高峰，罗雄麟.基于值函数和策略梯度的深度强化学习综述[J].计算机学报，2019，42（06）：1406-1438.

[51] 蒋璐闻，梅燕.典型发达国家智慧农业发展模式对我国的启示[J].经济体制改革，2018，（05）：158-164.

[52] 刘鑫鹏，栾悉道，谢毓湘，等.迁移学习研究和算法综述[J].长沙大学学报，2018，32（05）：28-31.

[53] 张荣，李伟平，莫同.深度学习研究综述[J].信息与控制，2018，47（04）：385-397.

[54] 韩志雄，冯学奋，赵权.智慧金融的产生、发展与前景探析[J].海南金融，2018，（08）：19-27.

[55] 黄成成，叶春森，王雪轩，等.智慧供应链体系构建研究[J].价值工程，2018，37（23）：121-123.

[56] 唐振韬，邵坤，赵冬斌，等.深度强化学习进展：从AlphaGo到AlphaGo Zero[J].控制理论与应用，2017，34（12）：1529-1546.

[57] 腾讯研究院，中国信息通信研究院互联网法律研究中心，腾讯AI Lab，等.人工智能[M].北京：中国人民大学出版社，2017.

[58] 许俊杰，陈军.基于物联网的智慧医疗系统及其发展应用[J].中国医疗设备，2017，32（10）：118-121.

[59] 王迁.论人工智能生成的内容在著作权法中的定性[J].法律科学（西北政法大学学报），2017，35（05）：148-155.

[60] 伊恩・古德费洛，约书亚・本吉奥，亚伦・库维尔，等.深度学习[M].北京：

人民邮电出版社，2017.

[61] 王坤峰，苟超，段艳杰，等.生成式对抗网络GAN的研究进展与展望[J].自动化学报，2017，43（03）：321-332.

[62] 冯芳芳，崔杰.智能引领变革智慧创新金融——广发银行智慧银行发展之路[J].中国金融电脑，2017，（02）：31-33.

[63] 刘全，翟建伟，章宗长，等.深度强化学习综述[J].计算机学报，2018，41（01）：1-27.

[64] 宋光慧.基于迁移学习与深度卷积特征的图像标注方法研究[D].浙江大学，2017.

[65] 李彦冬，郝宗波，雷航.卷积神经网络研究综述[J].计算机应用，2016，36（09）：2508-2515.

[66] 项高悦，曾智，沈永健.我国智慧医疗建设的现状及发展趋势探究[J].中国全科医学，2016，19（24）：2998-3000.

[67] 焦李成，杨淑媛，刘芳，等.神经网络七十年：回顾与展望[J].计算机学报，2016，39（08）：1697-1716.

[68] 郑文钟.国内外智能化农业机械装备发展现状[J].现代农机，2015，（06）：4-8.

[69] 周济.智能制造："中国制造2025"的主攻方向[J].中国机械工程，2015，26（17）：2273-2284.

[70] 郭丽丽，丁世飞.深度学习研究进展[J].计算机科学，2015，42（05）：28-33.

[71] 陈晓栋，原向阳，郭平毅，等.农业物联网研究进展与前景展望[J].中国农业科技导报，2015，17（02）：8-16.

[72] 庄福振，罗平，何清，等.迁移学习研究进展[J].软件学报，2015，26（01）：26-39.

[73] 张振，周毅，杜守洪，等.医疗大数据及其面临的机遇与挑战[J].医学信息学杂志，2014，35（06）：2-8.

[74] 龙明盛.迁移学习问题与方法研究[D].清华大学，2014.

[75] 何清，李宁，罗文娟，等.大数据下的机器学习算法综述[J].模式识别与人工智能，2014，27（04）：327-336.

[76] 孙忠富，杜克明，郑飞翔，等.大数据在智慧农业中研究与应用展望[J].中国农业科技导报，2013，15（06）：63-71.

[77] 倪明选，张黔，谭浩宇，等.智慧医疗：从物联网到云计算[J].中国科学：信息科学，2013，43（04）：515-528.

[78] 孙志军，薛磊，许阳明，等.深度学习研究综述[J].计算机应用研究，2012，29（08）：2806-2810.

[79] 高鹏毅.BP神经网络分类器优化技术研究[D].华中科技大学，2012.

[80] 邹蕾，张先锋.人工智能及其发展应用[J].信息网络安全，2012，（02）：11-13.

[81] 李道亮.物联网与智慧农业[J].农业工程，2012，2（01）：1-7.

[82] 丁世飞，齐丙娟，谭红艳.支持向量机理论与算法研究综述[J].电子科技大学学报，2011，40（01）：2-10.

[83] 陈学松，杨宜民.强化学习研究综述[J].计算机应用研究，2010，27（08）：2834-2838.

[84] 贺玲，吴玲达，蔡益朝.数据挖掘中的聚类算法综述[J].计算机应用研究，2007，（01）：10-13.

[85] 苏金树，张博锋，徐昕.基于机器学习的文本分类技术研究进展[J].软件学报，2006，（09）：1848-1859.

[86] 高阳，陈世福，陆鑫.强化学习研究综述[J].自动化学报，2004，（01）：86-100.

[87] 范昕炜.支持向量机算法的研究及其应用[D].浙江大学，2003.

[88] 张纪会，高齐圣，徐心和.自适应蚁群算法[J].控制理论与应用，2000，（01）：1-3+8-60.

[89] 张树山，谷城，张佩雯，等.智慧物流赋能供应链韧性提升：理论与经验证据[J].中国软科学，2023，（11）：54-65.